# KOMITAS SONGS
## for duduk with piano accompaniment

*Arranged by Georgy Minasyan (Minasov)*

# ԿՈՄԻՏԱՍԻ ՄԵՆԵՐԳԵՐԸ
## դուդուկի համար դաշնամուրի նվագակցությամբ

*փոխադրումը՝ Գեորգի Մինասյանի*

**GEORGY MINASOV**
BOOKS

**«ԿՈՄԻՏԱՍ»**
Հրատարակչություն

KOMITAS (Soghomon Soghomonyan, 1869-1935) occupies an exceptional place in the spiritual life of the Armenian people. He has worked extensively as a composer, musicologist, singer, conductor, and educator. Komitas is the one who discovered the unique and highly valuable peasant folk music of the Armenian people that has thousands of years of history. This book highlights some of the most popular Komitas songs arranged for duduk with piano accompaniment by Georgy Minasyan (Minasov).

ISBN-13: 9781706415909

**Ordering Information:**
Quantity sales. Special discounts are available on quantity purchases by corporations, associations, and others. For details, contact the publisher at books@minasovduduk.com or visit www.minasovduduk.com.

**Official website:**
www.minasovduduk.com

***KOMITAS*** (Soghomon Soghomon Gevorg, 1869-1935) holds an exceptional place in the spiritual life of the Armenian people. He has worked extensively as a composer, musicologist, singer, conductor, educator. Komitas is the founder of the National Composition School. He is the one who discovered the unique and highly valuable peasant folk music of the Armenian people that has thousands of years of history.

Musicologist and professor. G. Gyodakyan writes, "In many of Komitas's writings, the peasant song was documented in its fullest possible form, escaping oblivion and irreversible destruction. This fact alone was enough to secure Komitas the most honorable place among the greatest figures of national culture. But Komitas did much more. Finding the key to diverting Armenian music from monodicist to polyphonic, he presented the Armenian song and music to the world 'at a level that is in line with modern understanding of specialized musical culture.'"

Komitas was born in Kotahia, Turkey. When he was 12 years old, the orphaned youth clergyman Gevorg Derdzakyan took him to Echmiadzin and taught at the Gevorkian Seminary, where his brilliant musical abilities were demonstrated. Here, under the guidance of his teacher Sahak Amatuni, he not only studied the basics of church music and mastered Armenian notation, but also collected and wrote numerous folk songs, studied them, and made creative interpretations. After graduating from the seminary, he was appointed music teacher and head of the Cathedral Choir. In 1895 Soghomon received the Bishop's Scientific Degree and the name Komitas in honor of VII century Catholicos Komitas Aghtetsi. In the fall of the same year, he studied in Tiflis under the mentorship of Makar Ekmalian and became a communicant of European music theory. After receiving a scholarship from the philanthropist Alexander Mantashyan at the request of the Catholicos, he goes to Berlin to further his education. Here he studied and graduated from the Private Schmidt Conservatory and the Faculty of Philosophy of the Royal University from 1896 to 1899.

Returning to Echmiadzin, he has continued his scientific, creative, and pedagogical work from 1899, performing in the Djemaran Choir in Echmiadzin, Yerevan, Tiflis, and Baku.

Komitas is one of the founding members of the International Music Company. He has performed in Europe many times, presenting folk music in addition to his own work. His speeches in Paris, Zurich, Geneva, Lausanne, Venice has received a great response in the European press.

Particularly noteworthy are some of his reports at the International Music Conference in Paris in 1914, devoted to Armenian folk and spiritual music, which attracted great interest and was highly appreciated by leading European musicologists.

Komitas' creative work was interrupted by the Armenian massacre organized by the Turkish government in 1915, which caused significant psychological shock and distress to Komitas. The composer spent the last years of his life in a hospital in Paris. A year after his death in 1936, his body was moved to Yerevan and buried in the pantheon of a park named after him.

The most important of Komitas' multifaceted activities are his field studies that form the basis of his scientific research. Having an excellent knowledge of the country's history and the Armenian peasant's psychology, the skill of the musicologist, the aesthetic demand, and the in-depth analysis of the scholar, he in fact laid the foundation for folklore by capturing Armenian folk music in writing.

Performing excellent folk arrangements for voice, piano, and choir, creating colorful melodies he not only shaped elements of cultural music,but also laid the foundation for a national performing style.

Komitas' works continue to be heard today on various stages, and television, reaching a larger and wider audience each year. The unique compositions of Komitas are played in the homeland and beyond. Not only are they played in their original forms, but also in numerous interpretations using various western and traditional instruments  engaging a large audience globally to share the legacy of the genius Armenian musician, Komitas.

**Alina Pahlevanyan**

**ԿՈՄԻՏԱՍ** ***(Սողոմոնյան Սողոմոն Գևորգի,*** **1869-1935*)*** բացառիկ տեղ է զբաղեցնում հայ ժողովրդի հոգևոր կյանքում: Նա բազմակողմանի գործունեություն է ծավալել իբրև կոմպոզիտոր, երաժշտագետ, երգիչ, խմբավար, մանկավարժ: Կոմիտասն ազգային կոմպոզիտորական դպրոցի հիմնադիրն է: Նրան է պատկանում հազարամյակների պատմություն ունեցող հայ ժողովրդի երաժշտության մեծածավալ, բնութագրական և չափազանց արժեքավոր բնագավառի՝ գեղջկական փոլկլորի հայտնագործությունը: «Կոմիտասի բազմաթիվ գրառումներում գեղջկական երգը, – ինչպես գրում է երաժշտագետ, պրոֆ. Գ.Գյոդակյանը, – ներկայացավ իր հնարավոր լիակատար տեսքով՝ փրկվելով մոռացումից և անվերադարձ ոչնչացումից: Այդ փաստն ինքնին բավական էր, որպեսզի Կոմիտասին ամենապատվավոր տեղն ապահովեր ազգային մշակույթի խոշորագույն գործիչների շարքում: Սակայն Կոմիտասը շատ ավելին արեց»: Իր մտքի հանճարեղ փայլատակումով գտնելով հայ երաժշտության՝ մոնոդիկ մտածողությունից բազմաձայնության անցնելու բանալին, նա իր բազմաթիվ մշակումներով աշխարհին ներկայացրեց հայ երգն ու երաժշտությունը «մասնագիտացված երաժշտական մշակույթի ժամանակակից պատկերացումներին համապատասխան մակարդակով»:

Կոմիտասը ծնվել է Քյոթահիայում (Թուրքիա): Երբ նա 12 տարեկան էր, որբացած պատանուն տեղի հոգևորական Գևորգ վարդապետ Դերձակյանն իր հետ տանում է Էջմիածին և ուսման հանձնում Գևորգյան ճեմարանում, ուր դրսևորվում են նրա փայլուն երաժշտական ընդունակությունները: Այստեղ իր ուսուցիչ Սահակ Ամատունու ղեկավարությամբ նա ոչ միայն ուսումնասիրել է եկեղեցական երաժշտության հիմունքները, տիրապետել հայկական նոտագրությանը, այլ նաև հավաքել և գրի է առել բազմաթիվ ժողովրդական երգեր, ուսումնասիրել դրանք և կատարել ստեղծագործական փորձեր: Ճեմարանն ավարտելուց հետո նշանակվել է երաժշտության ուսուցիչ և Մայր տաճարի երգչախմբի ղեկավար: 1895 թվին Սողոմոն աբեղան ստացել է վարդապետի գիտական աստիճան և Կոմիտաս անունը՝ ի պատիվ VII դարի կաթողիկոս Կոմիտաս Աղցեցու: Նույն տարվա աշնանը Թիֆլիսում ուսանել է Մակար Եկմալյանի ղեկավարությամբ, հաղորդակից դարձել եվրոպական երաժշտության տեսությանը: Այնուհետև կաթողիկոսի բարեխոսությամբ բարերար Ալեքսանդր Մանթաշյանից կրթաթոշակ ստանալով՝ մեկնում է Բեռլին կրթությունը կատարելագործելու: Այստեղ նա 1896-1899 թվականներին սովորում և ավարտում է Ռ.Շմիդտի մասնավոր կոնսերվատորիան և Արքունական համալսարանի փիլիսոփայության ֆակուլտետը:

Վերադառնալով Էջմիածին՝ նա 1899 թվից շարունակում է գիտական, ստեղծագործական, մանկավարժական աշխատանքը, Ճեմարանի երգչախմբով ելույթներ է ունենում Էջմիածնում, Երևանում, Թիֆլիսում, Բաքվում:

Կոմիտասը Միջազգային երաժշտական ընկերության հիմնադիր-անդամներից է: Եվրոպայում բազմիցս հանդես է եկել զեկուցումներով և համերգներով, ներկայացրել է ժողովրդական երգեր և իր կատարած մշակումները: Եվրոպական մամուլում մեծ արձագանք են գտել նրա ելույթները Փարիզում, Ցյուրիխում, Ժնևում, Լոզանում, Վենետիկում:

Առանձնահատուկ պետք է նշել 1914 թվին Փարիզում Միջազգային երաժշտական համաժողովում նրա կարդացած մի քանի զեկուցումները՝ նվիրված հայկական ժողովրդական և հոգևոր երաժշտությանը, որոնք մեծ հետաքրքրություն առաջացրին և արժանացան Եվրոպայի առաջատար երաժշտագետների բարձր գնահատականին:

Կոմիտասի բեղուն գործունեությունն ընդհատեց 1915 թվին թուրքական կառավարության կողմից կազմակերպած հայկական կոտորածը, որի ականատեսը եղավ և հոգեկան մեծ ցնցում ապրեց: Կոմիտասն իր կյանքի վերջին տարիներն անցկացրեց Փարիզի հիվանդանոցներից մեկում: Իր մահից մեկ տարի անց, 1936 թվին նրա աճյունը տեղափոխվեց Երևան և ամփոփվեց իր անունը կրող զբոսայգու պանթեոնում:

Կոմիտասի բազմակողմանի գործունեության մեջ առավել կարևոր են ստեղծագործությունը և գիտական աշխատությունների հիմքը կազմող հավաքչական աշխատանքը: Գրառելով հայ ժողովրդական երգը երկրի պատմության և գեղջուկի հոգեբանության զերազանց իմացությամբ, երաժշտագետի վարպետությամբ, գեղագետի պահանջկոտությամբ և գիտնականի խոր վերլուծությամբ, նա փաստորեն դրեց նաև փոլկլորագիտության հիմքը:

Ժողովրդական երգերի բարձրաճաշակ մշակումներ կատարելով ձայնի և դաշնամուրի, երգչախմբի համար, գուներ մանրանվագներ ստեղծելով դաշնամուրի համար, նա ոչ միայն ձևավորել և բյուրեղացրել է ազգային երաժշտական լեզվամտածողության տարրերը, այլև կատարողական ազգային ոճի հիմքը դրել:

Կոմիտասի ստեղծագործություններն այսօր հնչում են տարբեր բեմերում, հեռուստատեսությամբ, տարեցտարի նվաճելով ավելի ու ավելի լայն լսարան: Կոմիտասի անզուգական կերտվածքները հնչում են հայրենիքում և նրա սահմաններից դուրս ոչ միայն իրենց բնագրային տեսքով, այլ բազմաթիվ փոխադրումներով տարբեր գործիքների համար՝ թե՛ եվրոպական և թե՛ ազգային, ինչը հնարավորություն է տալիս ունկնդիրների ավելի մեծ շրջանակին հաղորդակից լինել հայ երաժշտության հանճարի ստեղծագործության ժառանգությանը:

**ԱԼԻՆԱ ՓԱՀԼԵՎԱՆՅԱՆ**

# ԱԼԱԳՅԱԶ      ALAGYAZ

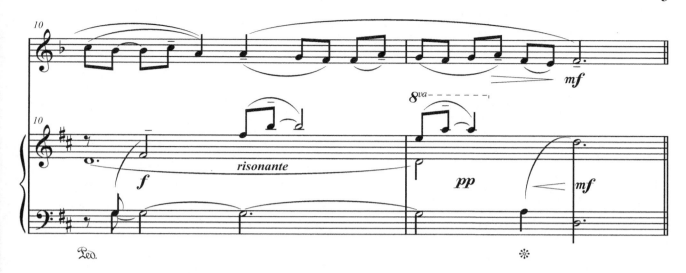

## ԽՆԿԻ ԾԱՌ KHNKI TSAR

**Gaio** ♩. = 63

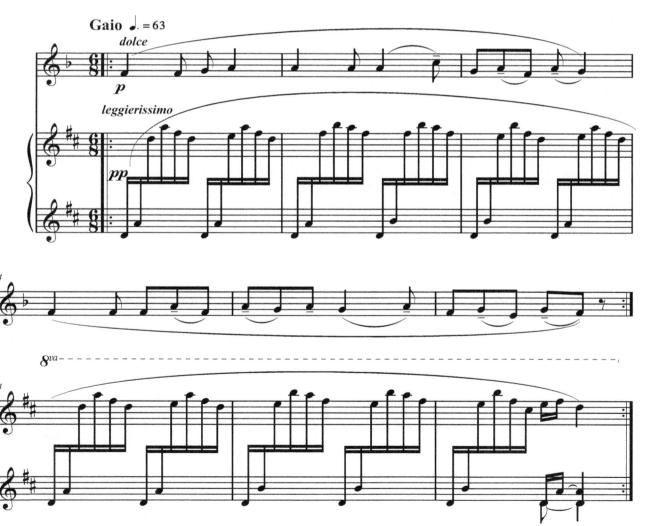

# ՄԱՆԻ ԱՍԵՄ        MANY ASEM

**Allegretto dolce** ♩ = 100

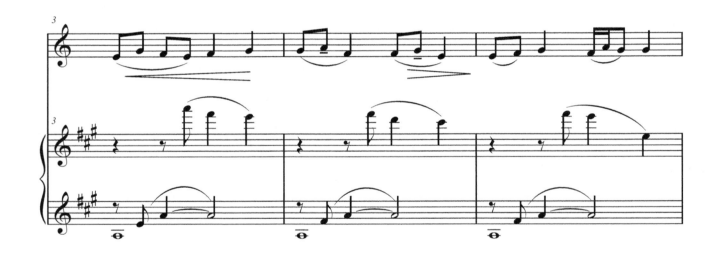

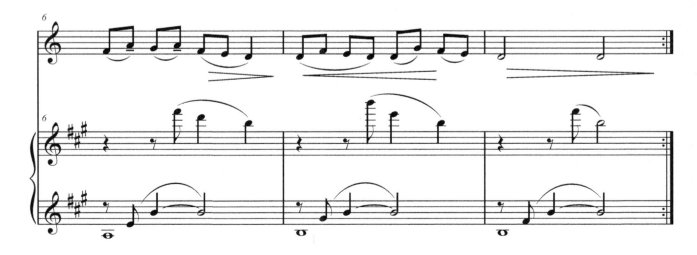

# ՋՈՒՐ ԿՈՒԳԱ ՎԵՐԻՆ ՍԱՐԵՆ
# JOUR KOUGA VERIN SAREN

**Allegro moderato** ♩ = 120

# ԷՐՎՈՒՄ ԵՄ ERVUM EM

**Dolente** ♩ = 108

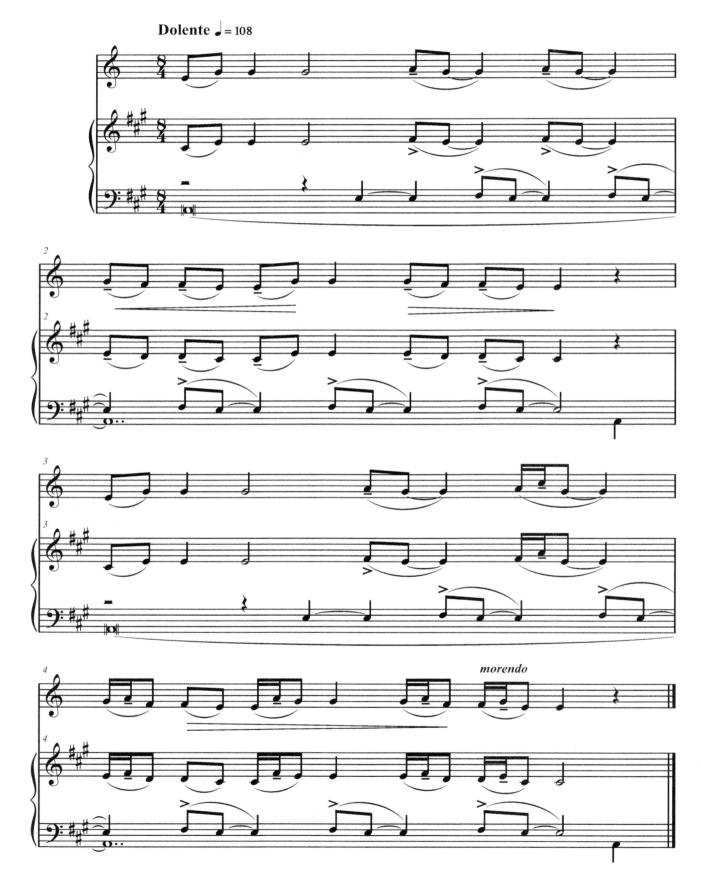

# ԷՍ ԱՌՈՒՆ    ES AROUN

# ԿՈՒԺՆ ԱՌԱ KUZHN ARA

**Պարզուկ**
**Naturale** ♩ = 72

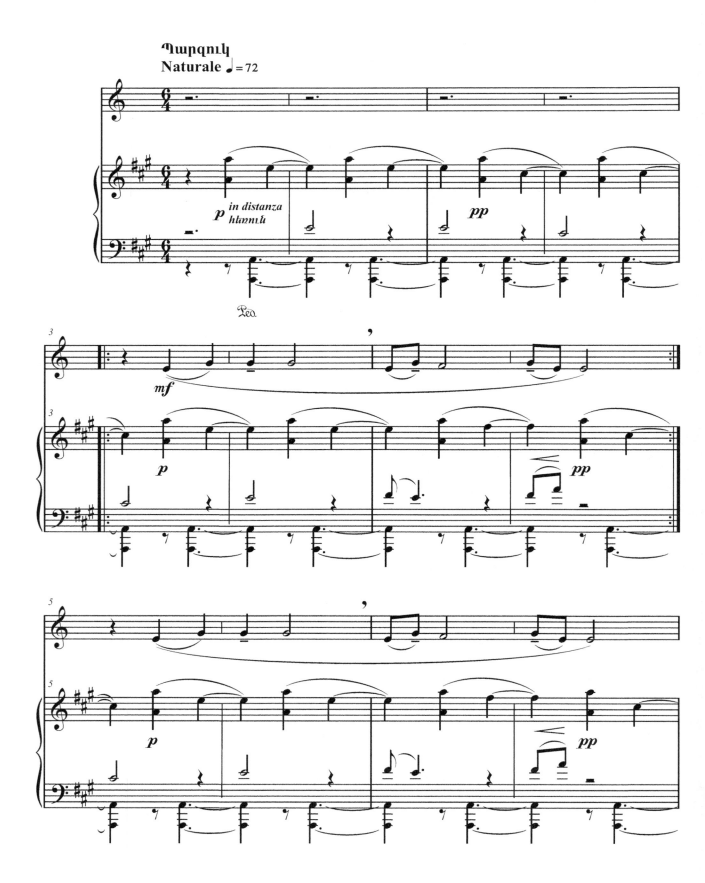

con calore
ջերմագին
Ped.
pp
eco
արձագանք
Ped.

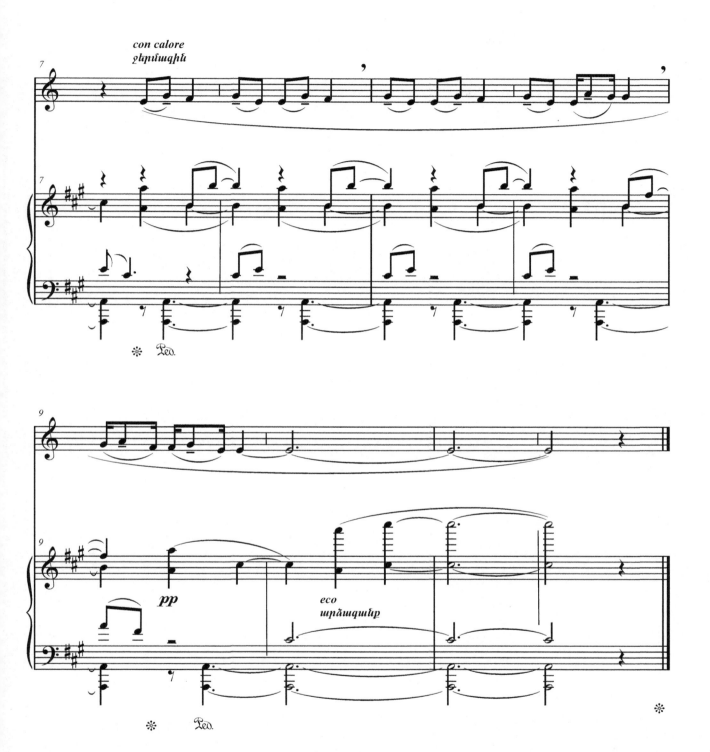

# ՍԱՐ, ՍԱՐ SAR, SAR

**Հպարտ**
**Con alterezza** ♩. = 66

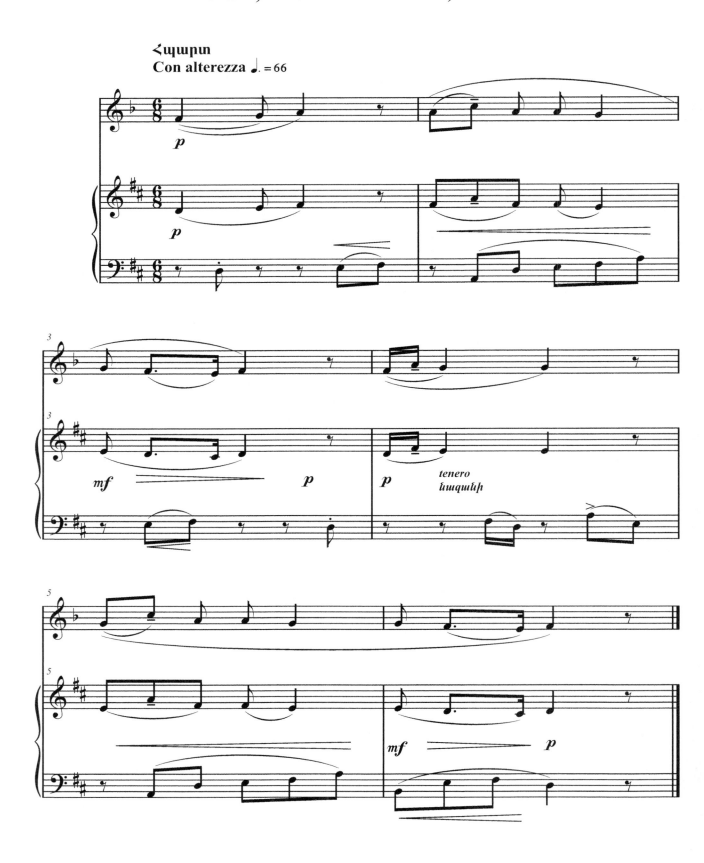

# ԳՈՒԹԱՆԸ ՀԱՑ ԵՄ ԲԵՐՈՒՄ
# GUTANY HATS EM BERUM

**Allegretto semplice** ♩ = 96

# ԱՄՊԵԼ Ա ԿԱՄԱՐ-ԿԱՄԱՐ
## AMPEL A KAMAR-KAMAR

Հիացմունքով և կարոտով
**Largo legato, con desiderio** ♩= 84

8va
Ped.
Ped.

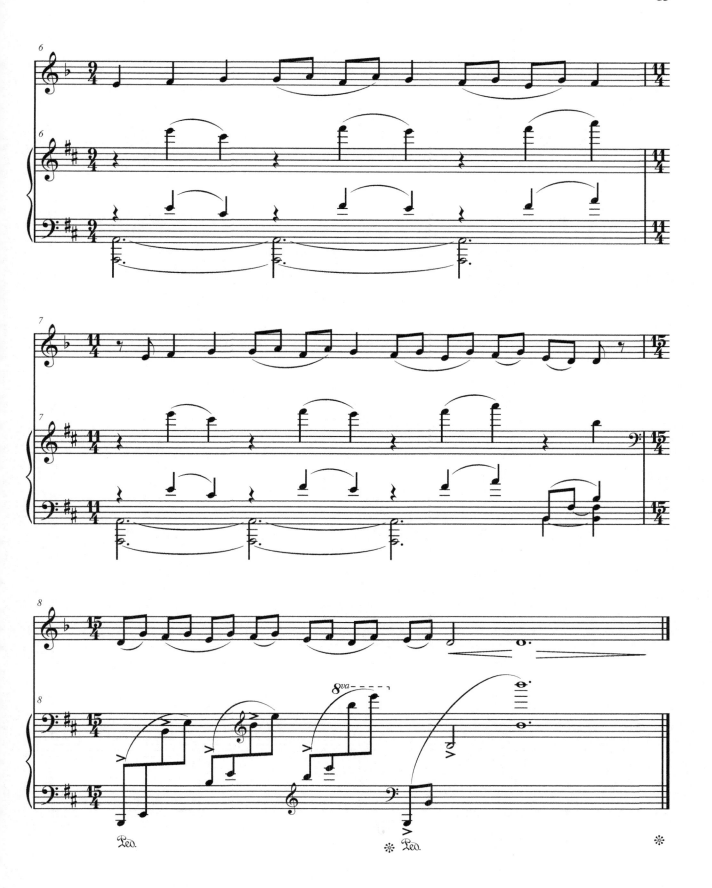

# ՇԱԽԿԸՐ-ՇՈՒԽԿԸՐ
# SHAKHKER-SHUKHKER

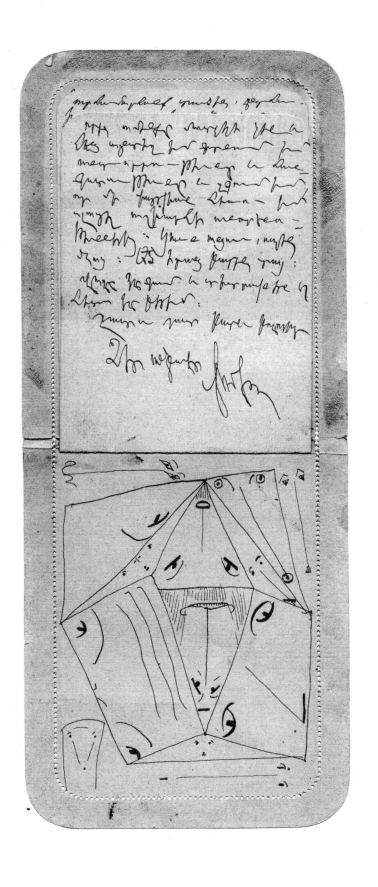

# ԱԼ ՁԻՆ ՆԱԼՆ ԻՆՉ ԿԱՆԵ
# AL DZIN NALN INCH KANE

**Andante doloroso** ♩= 84

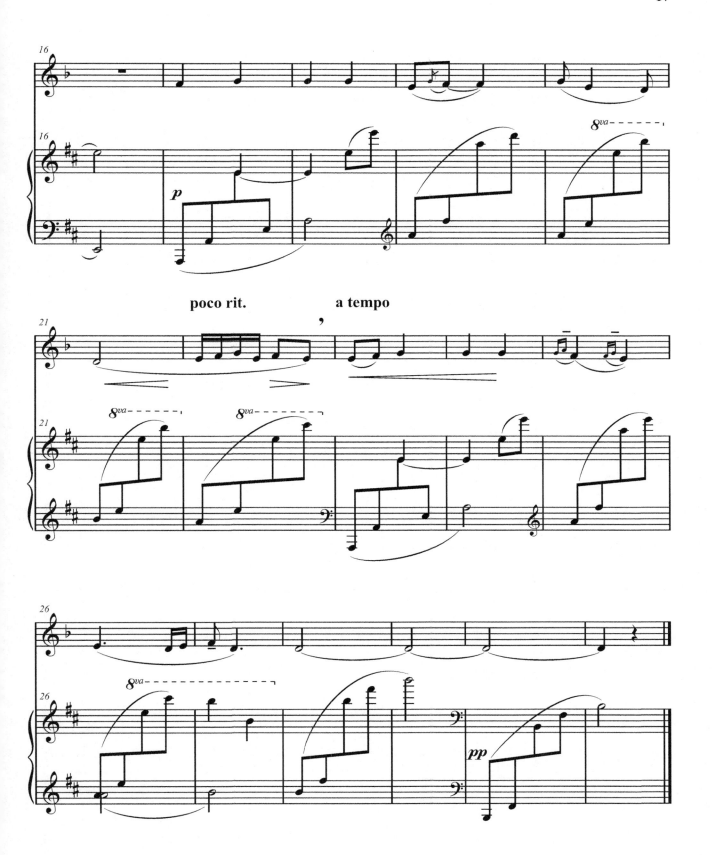

16
16
8va
p
poco rit.
a tempo
21
21
8va
8va
26
26
8va
pp

# ԵՐԿԻՆՔՆ ԱՄՊԵԼ Է
# YERKINQN AMPEL E

**Allegretto dolce** ♩. = 66

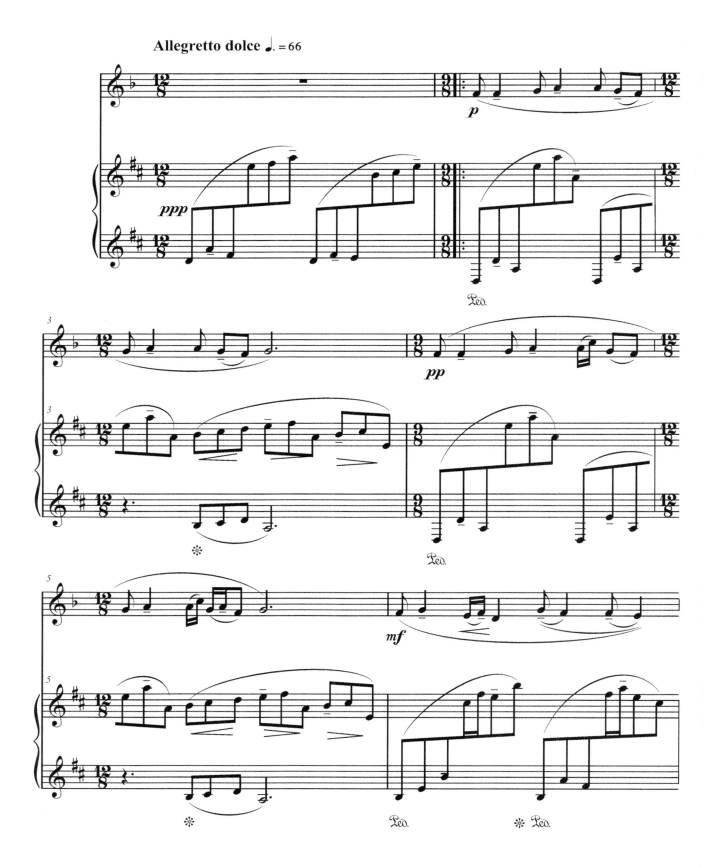

7
p
Ped.
Ped.
9
1.
2.
pp

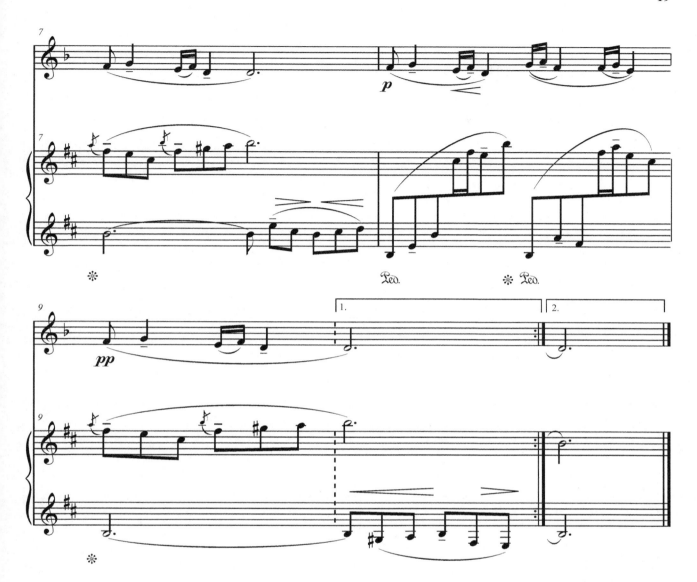

# ԿԱՔԱՎԻ ԵՐԳԸ KAQAVI YERGY

**Քնքուշ և զվարթ**
**Tendre et alerte** ♩ = 126

**un poco meno mosso**

# ԵՍ ԱՂՋԻԿ ԵՄ YES AGHJIK EM

**Աղաչական**
**Semplice** ♩ = 96

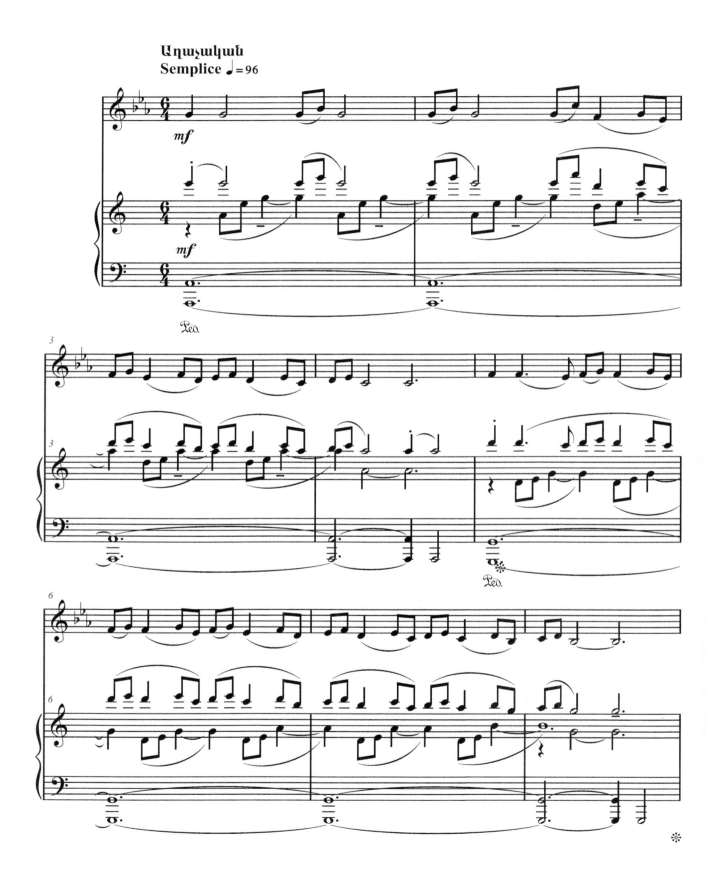

# ՔԵԼԵ, ՔԵԼԵ QELE, QELE

**Andante amabile** ♩ = 69

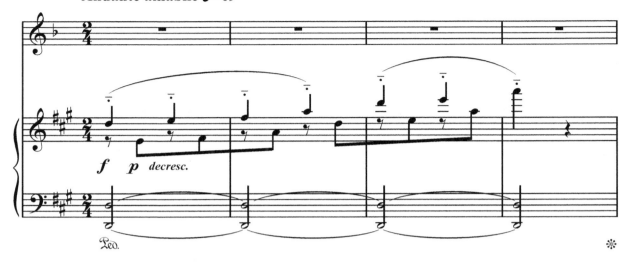

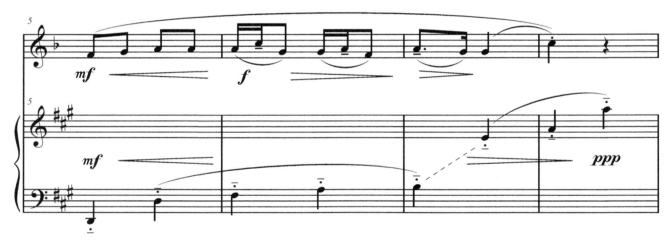

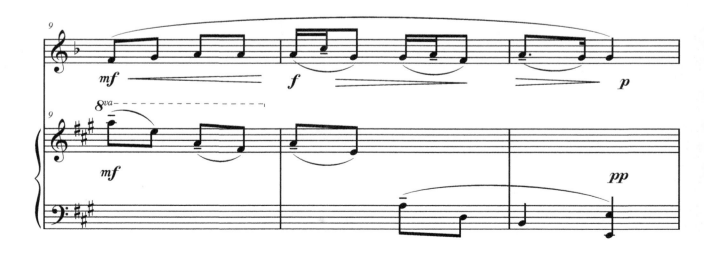

12
tenero
12
dolce
16
16
mormorando
20
1.
2.
20
mf
mf

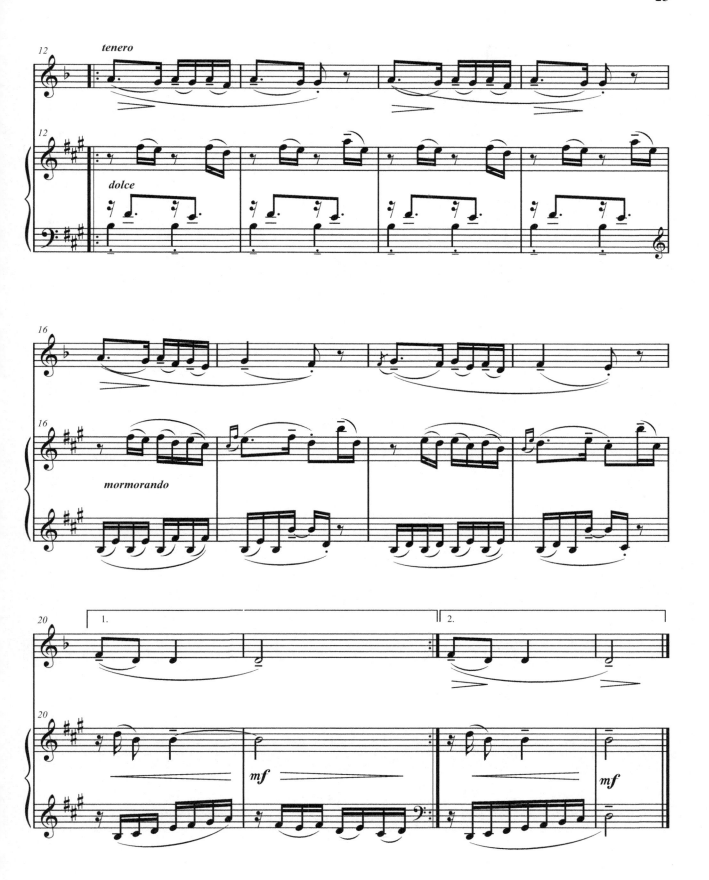

# ԶԻՆՉ ՈՒ ԶԻՆՉ     ZINCH OU ZINCH

**Աշխույժ**
**Allegretto ♩. = 54**

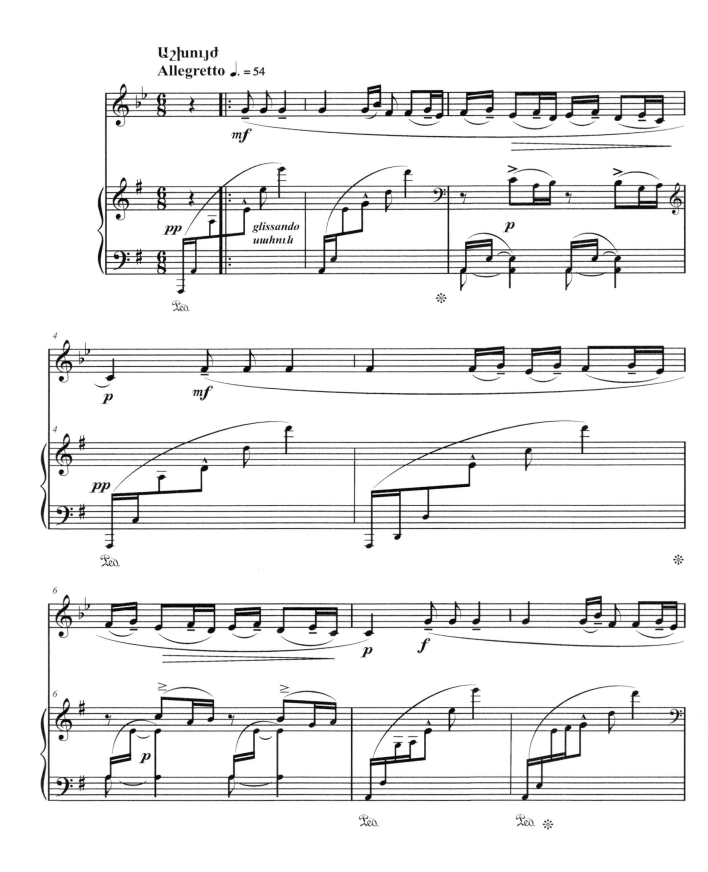

9
p
f
9
p
Ped.
Ped.
12
1.
2.
12
p
mf
Ped.
Ped.
Ped.

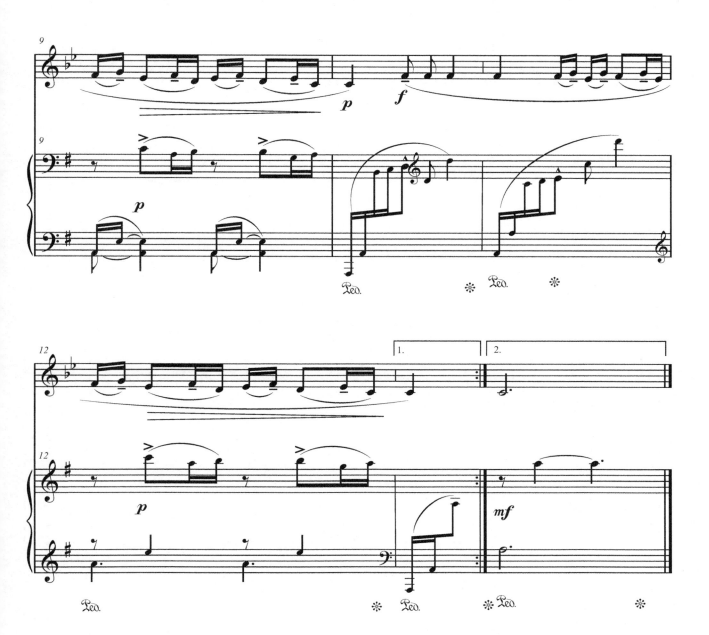

# ՉԵՄ ԿԸՐՆԱ ԽԱՂԱ
## CHEM KERNA KHAGHA

Քնքուշ նազանքով
**Delicato** ♩. = 50

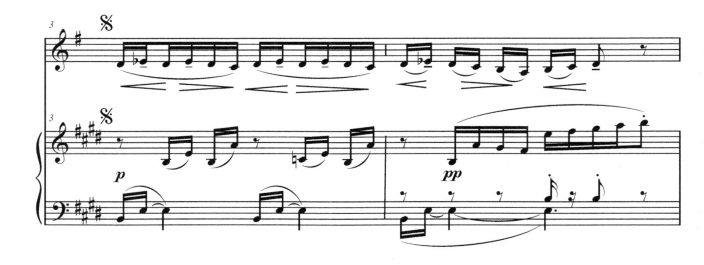

քնքուշ
dolce
mp
անհայտացնել
svaporando
p
անհայտացնել
svaporando
pp

# ՀՈՎ ԱՐԵՔ HOV AREQ

Moderato ♩ = 60

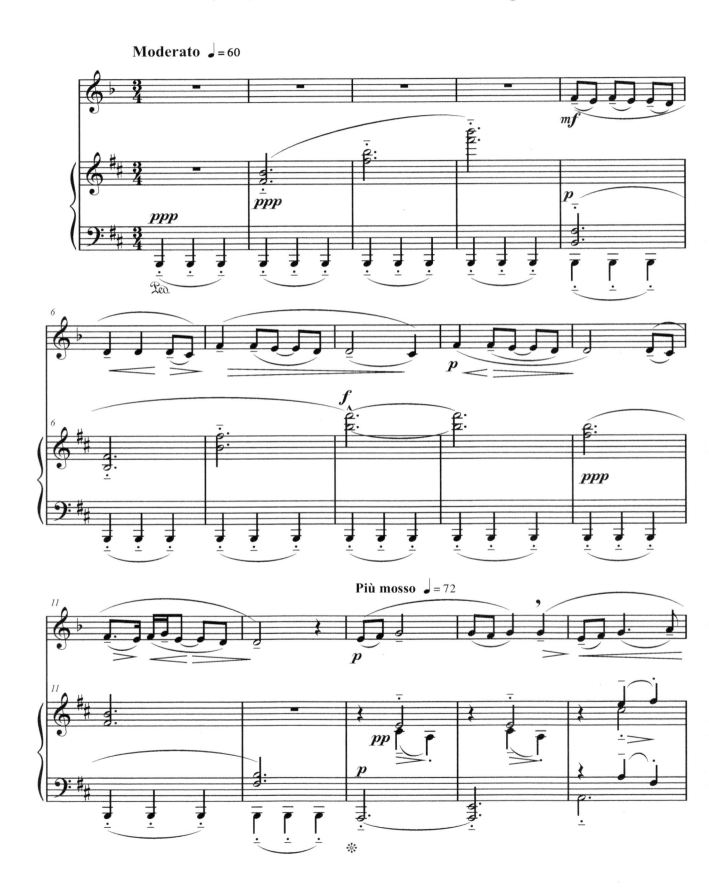

16
p
pp
16
21
mf
21
p
mf
p
decresc.
p
26
f
26
ppp
mf
f
p
Ped.

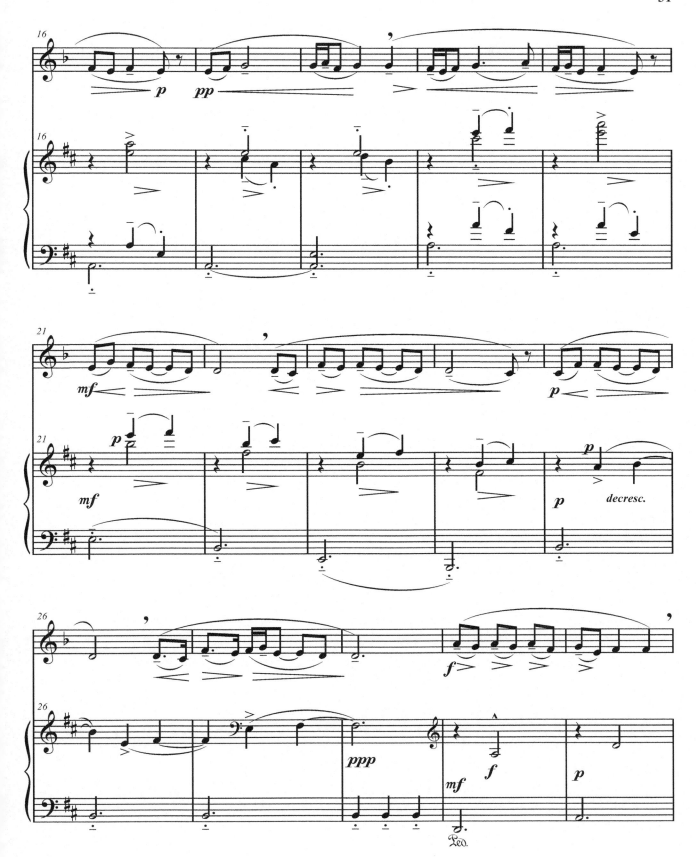

8va
Ped.
dim.

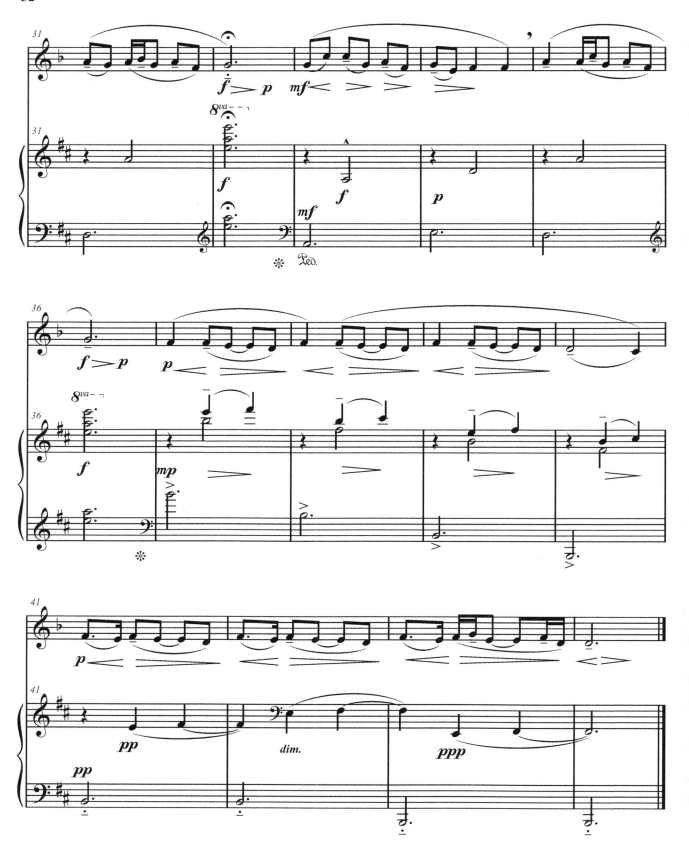

# ՄԱՐՈՆ Ա ԿԱՅՆԵ　　　　MARON A KAYNE

un poco largare
molto rit.
la parte mediana ben marcato

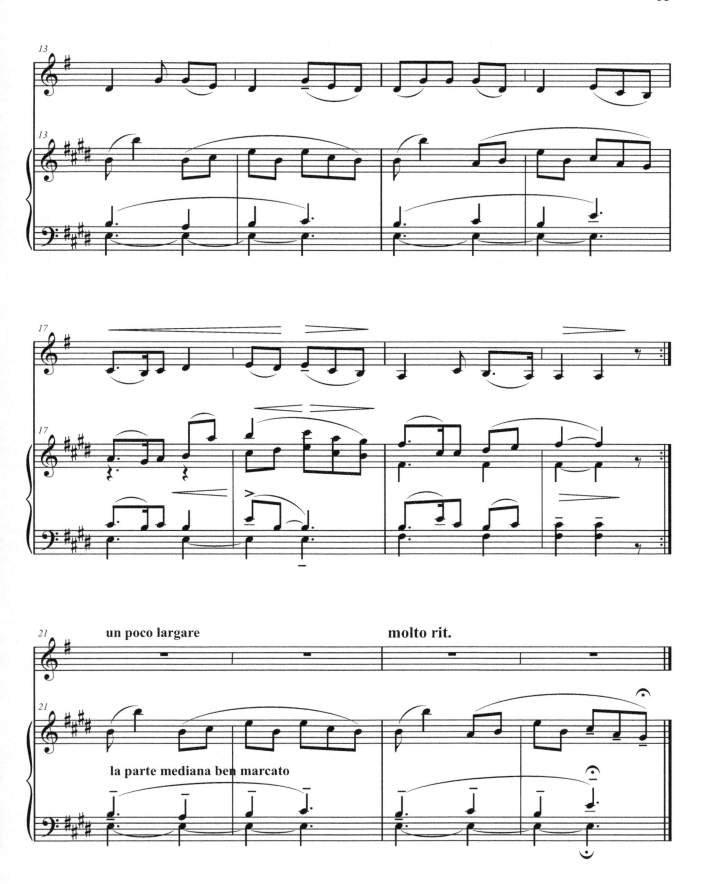

# ՇՈՂԵՐ ՋԱՆ      SHOGHER JAN

Նազելի
**Moderato grazioso**

10
10
pp
pp
pp
Ped.
Ped.
13
13
pp
pp
pp
Ped.
Ped.
16
pp
pp
pp
Ped.
Ped.

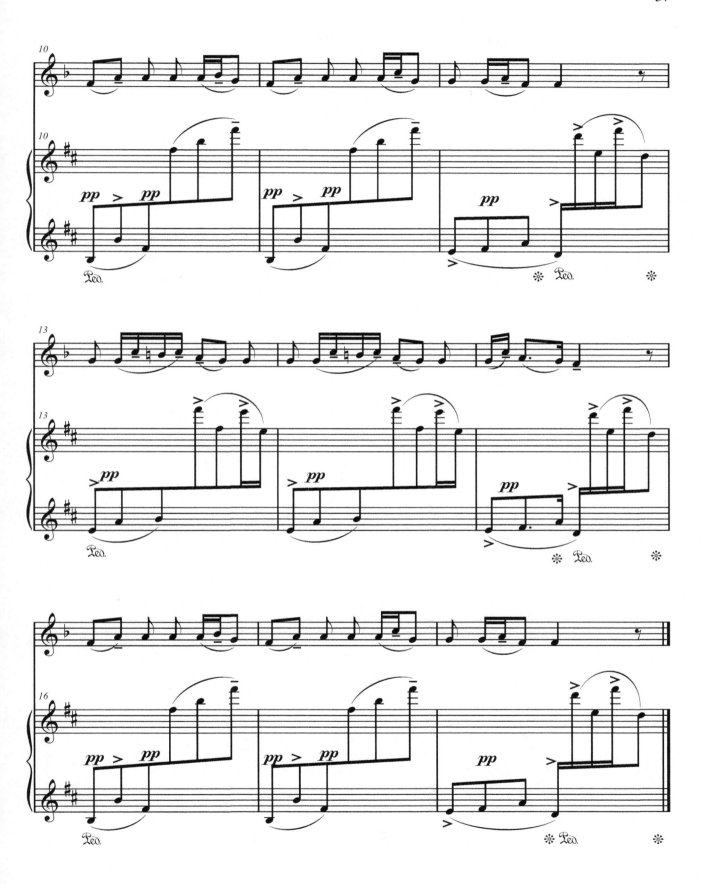

# ԳԱՐՈՒՆ Ա            GAROUN A

11
mf
f
p
pp
morendo
Ped.
13
cresc.
decresc.
15
ppp

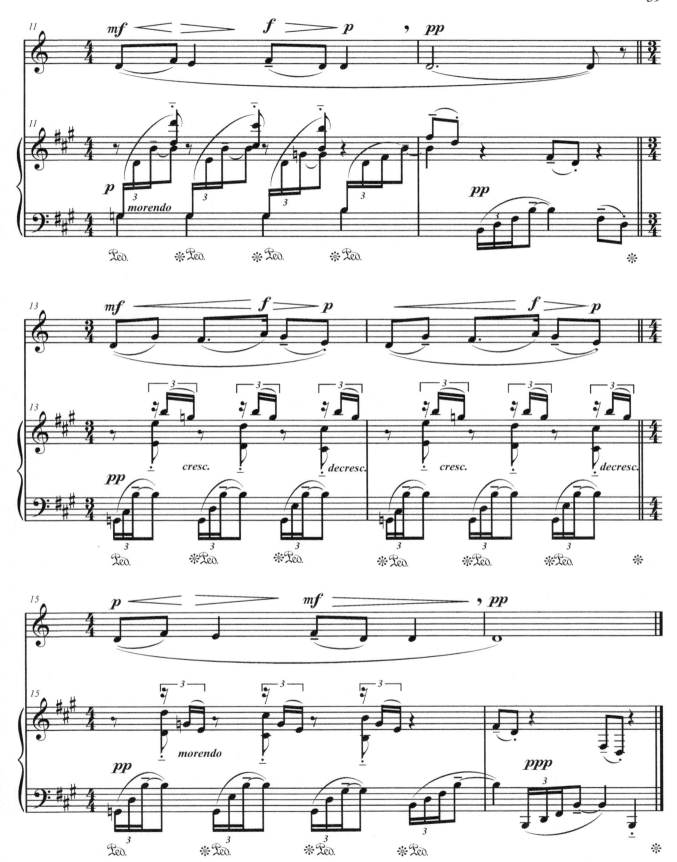

# ՏՈՒՆ ԱՐԻ TOUN ARI

**Allegretto non troppo** ♩ = 72

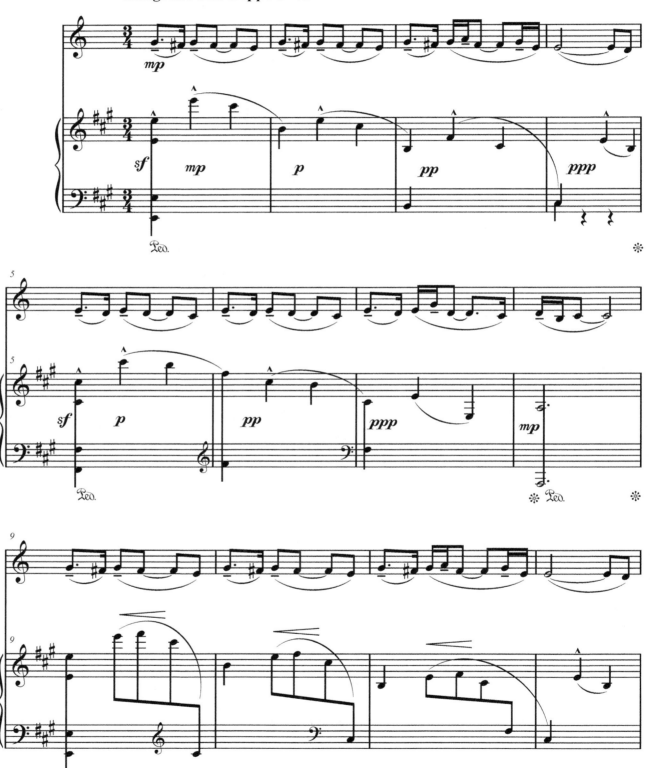

Poco animato
lento dolente
rit.
cresc.
a tempo
rit. tenero

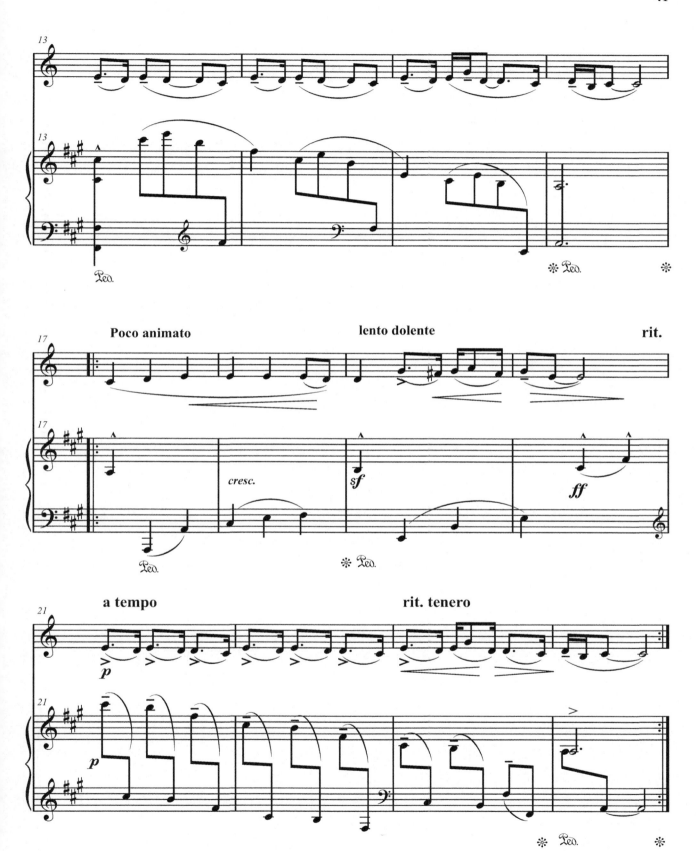

# ԼՈՐԻԿ        LORIK

**Moderato con affetto** ♩= 92

18
18
dolce
p
Ped.
Ped.
25
cresc.
25
cresc.
Ped.
32
dim.
32
p
dolce

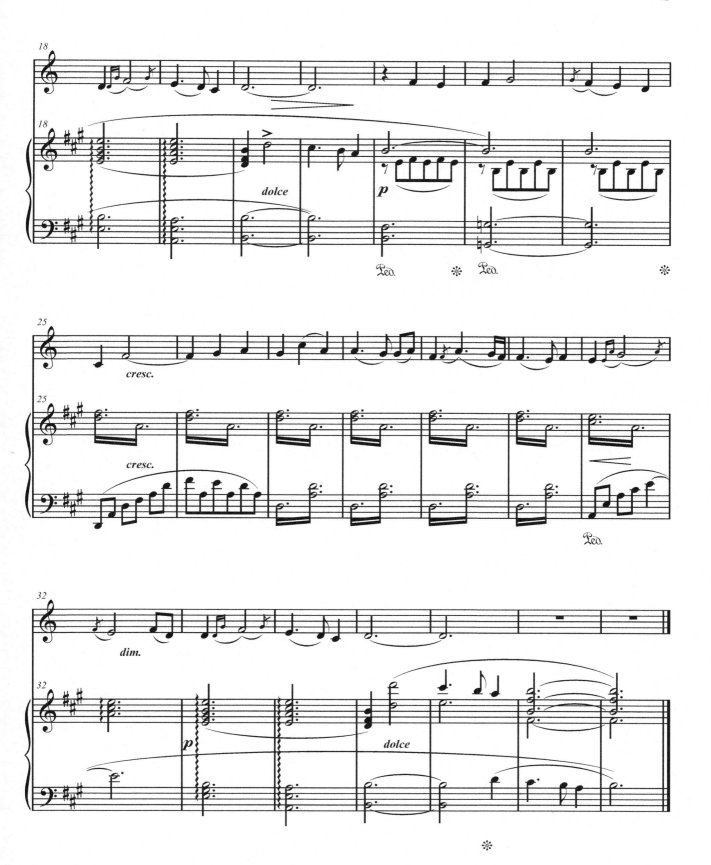

# ԶՈՒԼՈ ZOULO

**Allegretto amabile** ♩ = 132

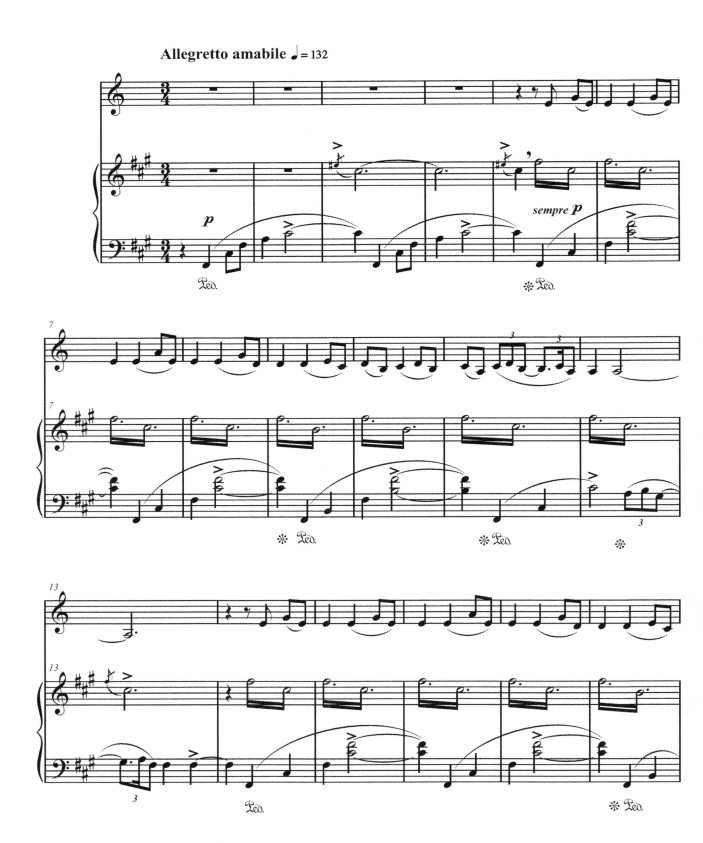

19
Ped.
24
Ped.
29
1.
2.
Ped.

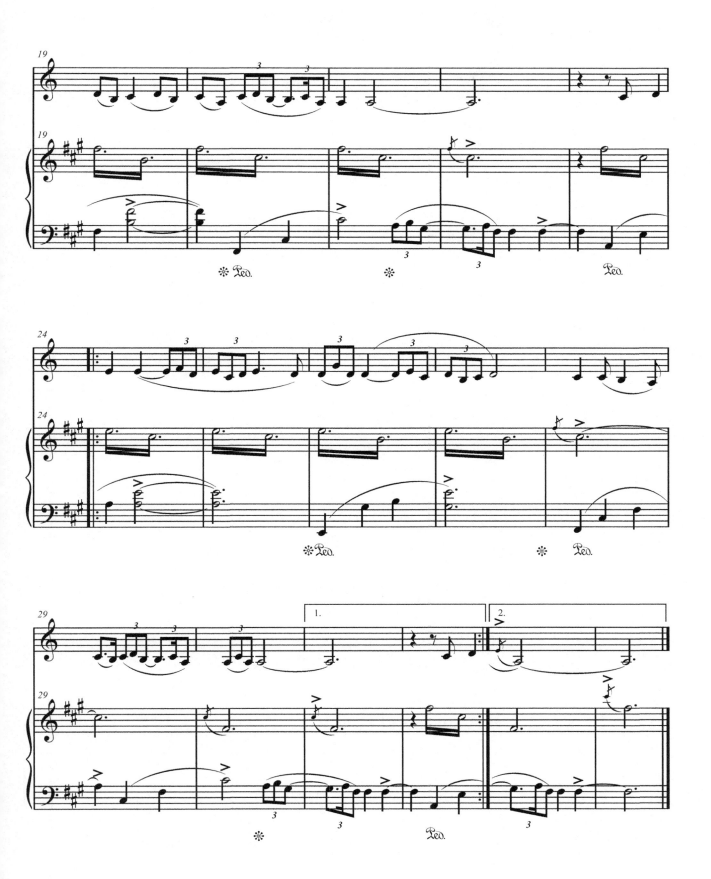

# ՄԱՏՆԻՔԸ ՄԱՏՈՎՍ ՉԷՐ
# MATNIQY MATOVS CHER

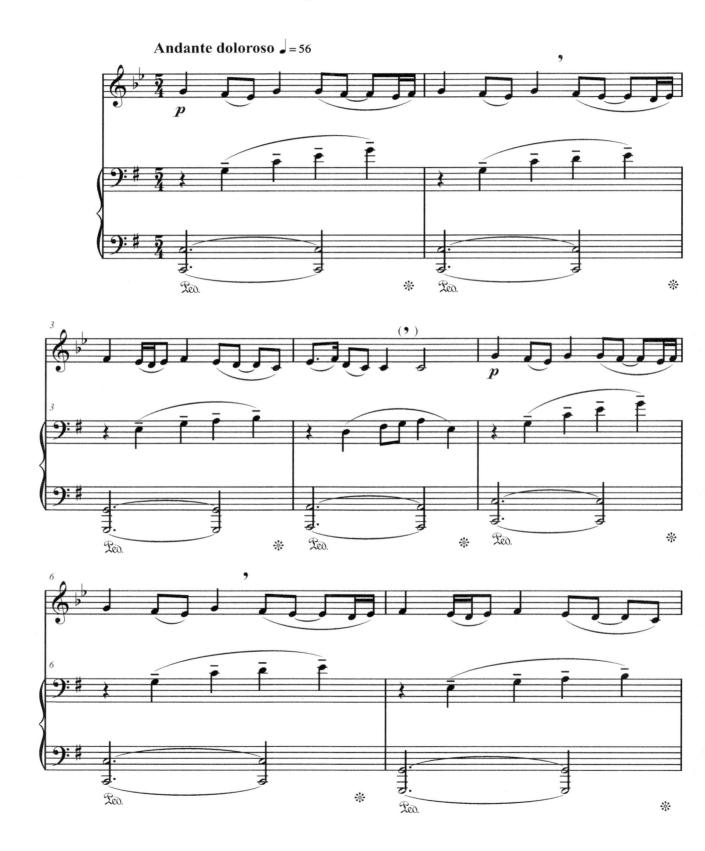

commosso
mf colla parte
Ped.
p
3

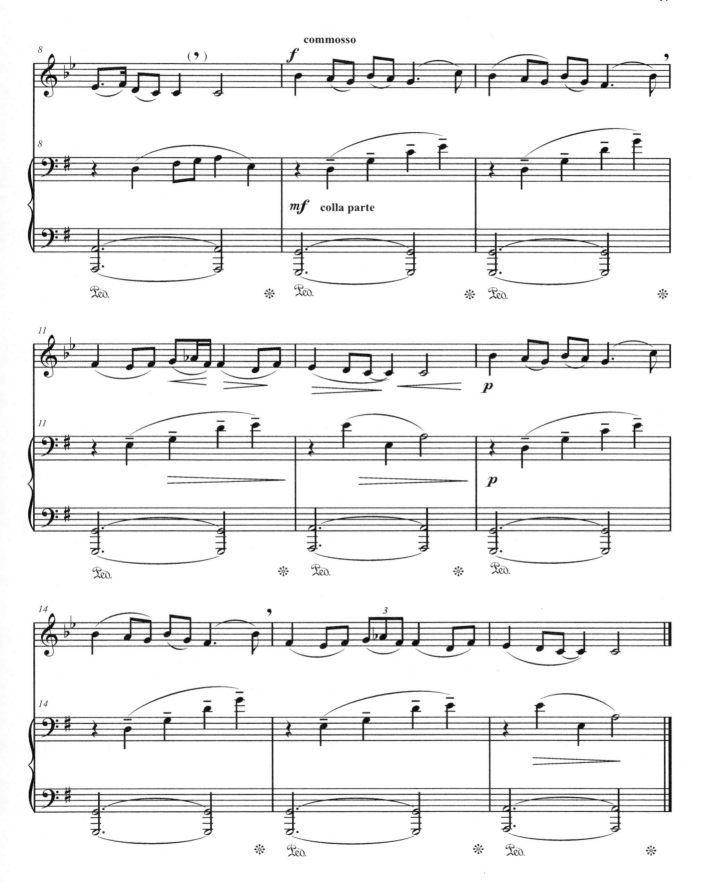

# ՀՈՅ, ՆԱԶԱՆ HOY, NAZAN

7
p
9
11
p
mf
8va

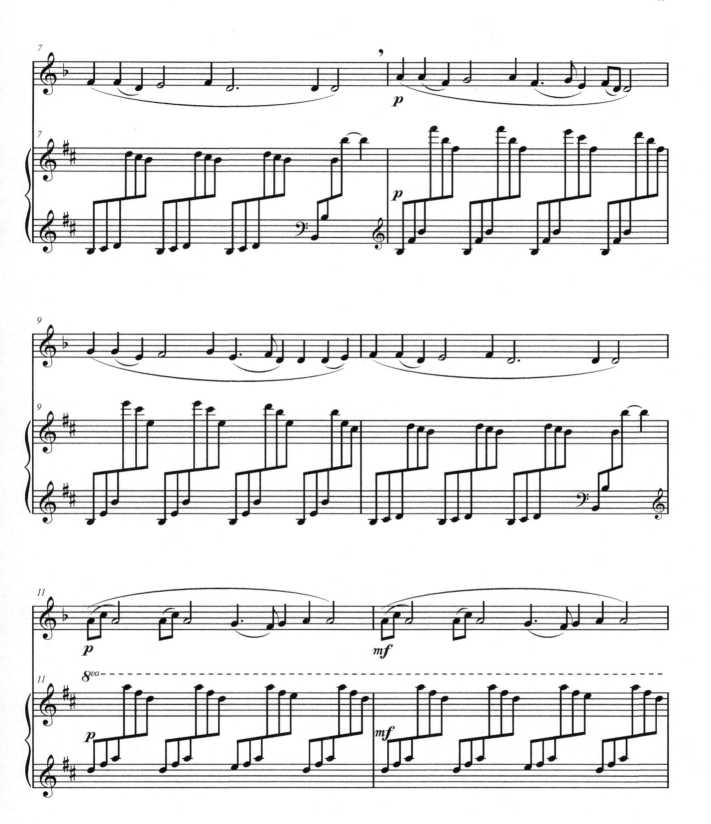

13
p
mf
13
(8va)
p
mf
15
p
mf
15
(8va)
p
mf
17
p
mf
17
(8va)
p
mf

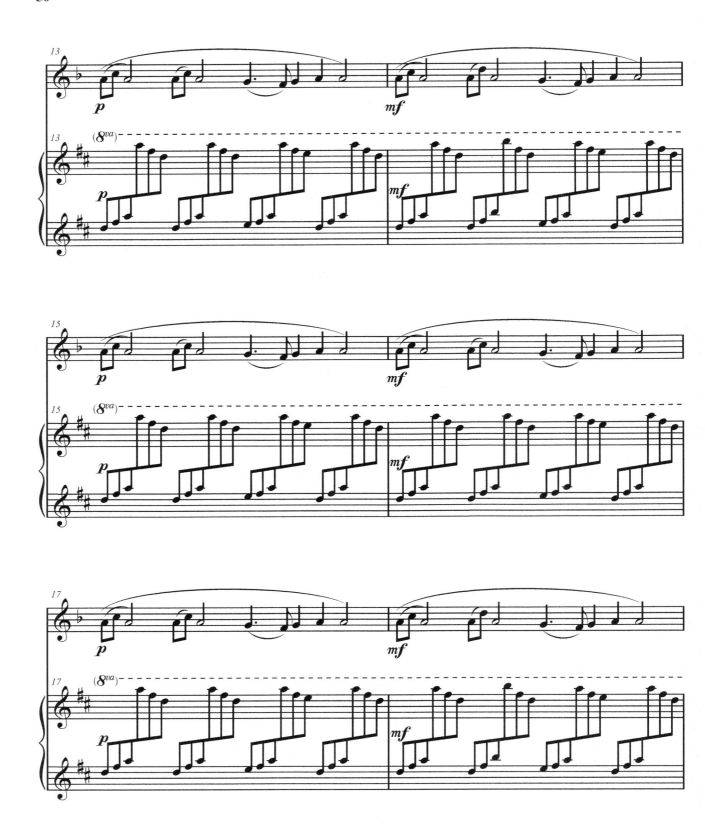

19
mf
(8va)
19
mf
21
p
(8va)
21
p
23
(8va)
23

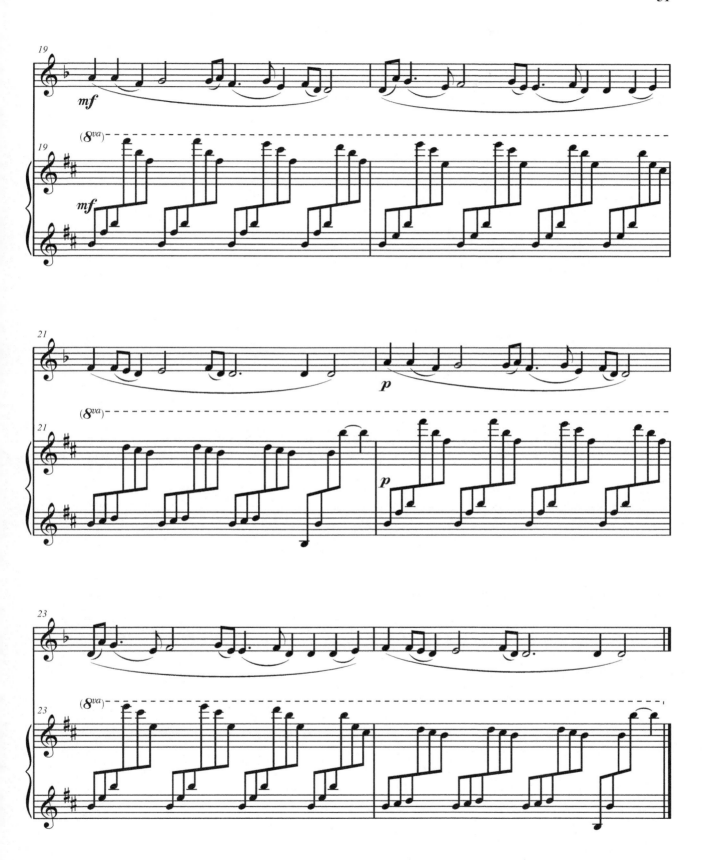

Կոմիտաս Վարդապետի՝ Ռիխարդ Շմիդտի մասնավոր երաժշտանոցն ավարտելու վկայականը Ռ. Շմիդտի ստորագրությամբ և կնիքով.
1899, 2 սեպտեմբերի

Komitas Vardapet's Certificate of Graduation from Richard Schmidt's private music school, signed and sealed by Richard Schmidt on September 2, 1899

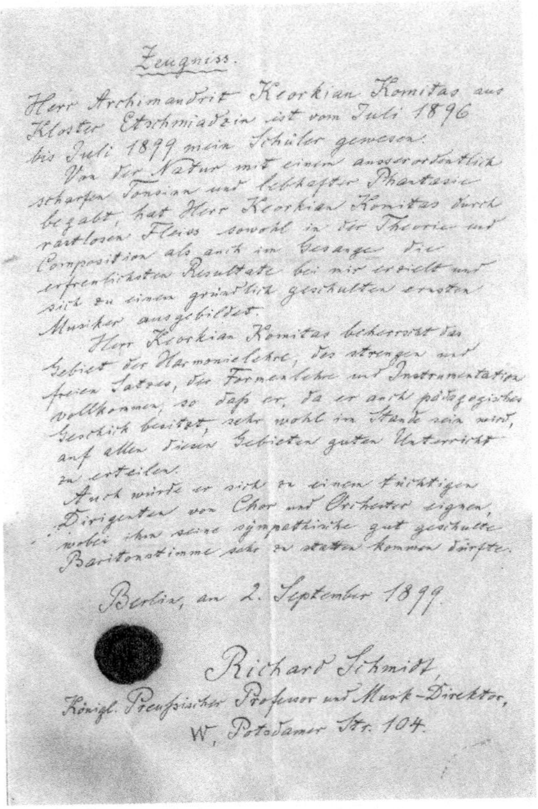

Կոմիտաս Վարդապետի՝ Ֆրիդրիխ Վիլհելմ համալսարանն ավարտելու վկայականը. 1899, 2 սեպտեմբերի

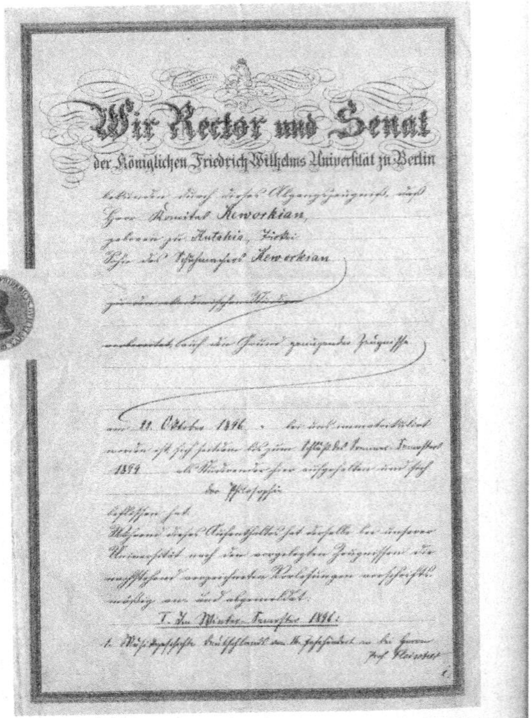

Komitas Vardapet's Diploma of the Kaiser Friedrich Wilhelm University, September 2, 1899

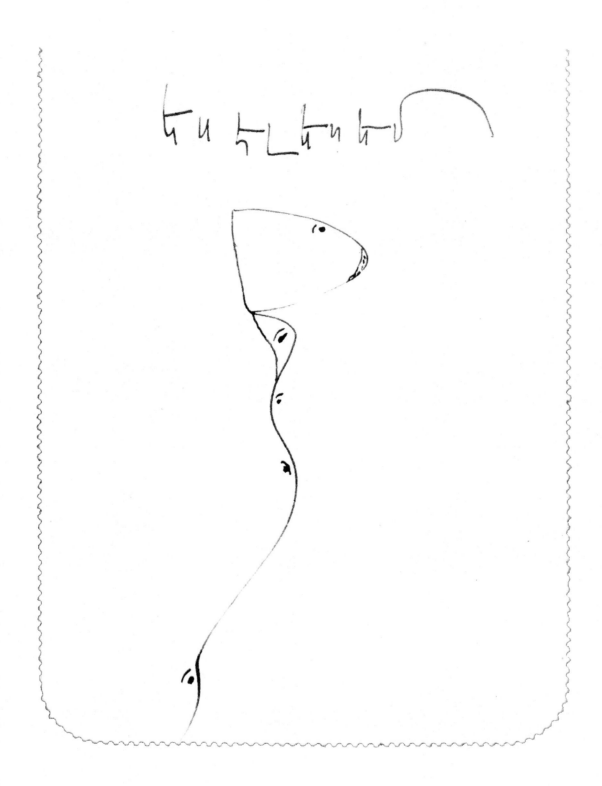

54

ՉԻՆԱՐ ԵՍ          CHINAR ES

9
pp
3
9
pp
12
pp
12
pp
pp
15
3
pp
15
pp

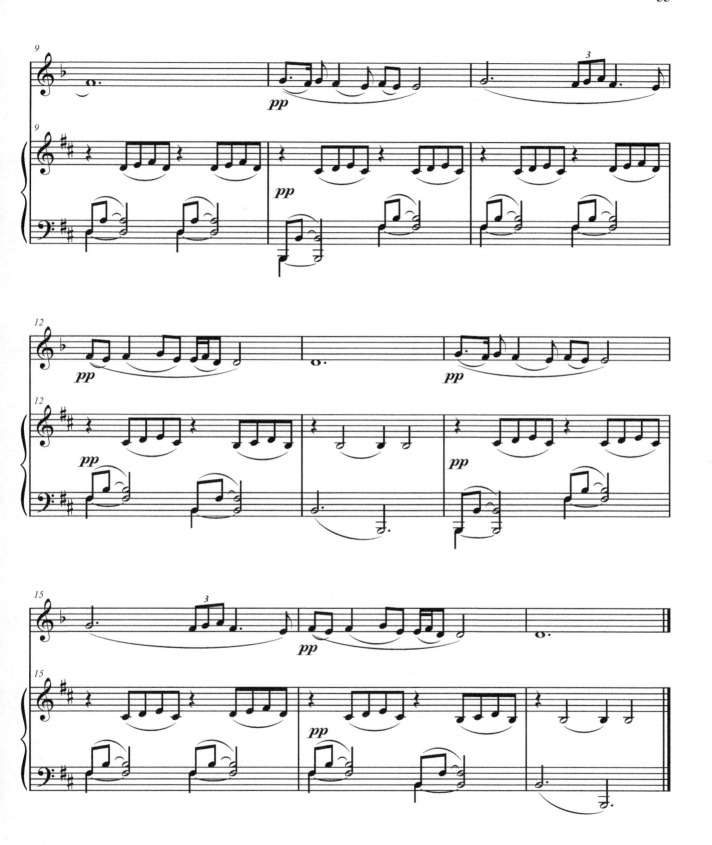

# ԷՍ ԳԻՇԵՐ, ԼՈՒՍՆԱԿ ԳԻՇԵՐ
# ES GISHER, LUSNAK GISHER

8
8
10
10
12
12

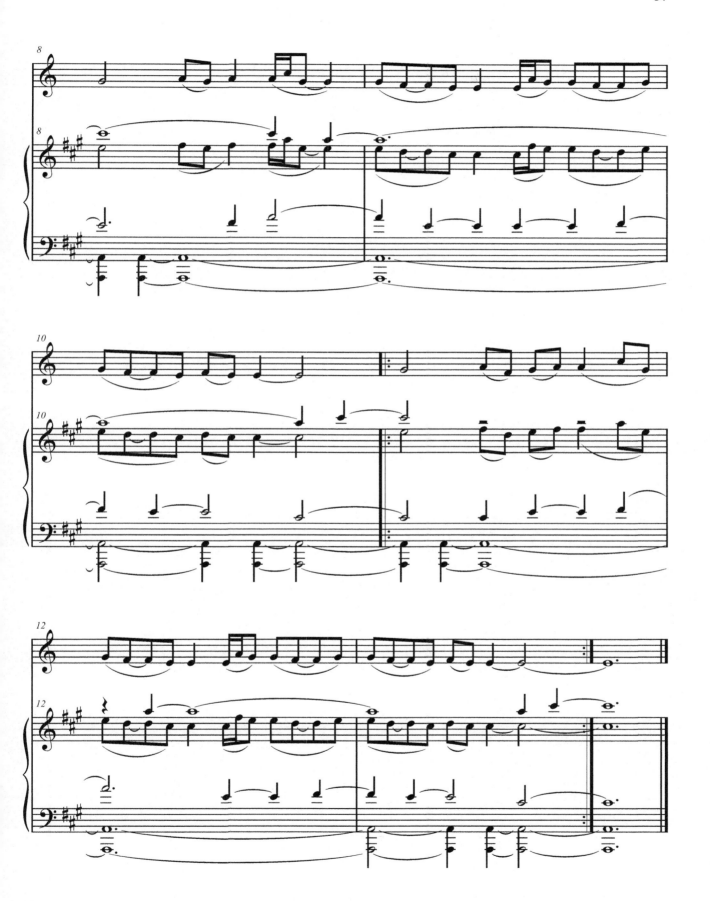

# Ա՛Խ, ՄԱՐԱԼ ՋԱՆ     AKH, MARAL JAN

**Allegro ma non troppo**

18
18
Ped.
Ped.
Ped.
Ped.
22
22
Ped.
Ped.
Ped.
26
1.
2.
26
Ped.
Ped.
Ped.

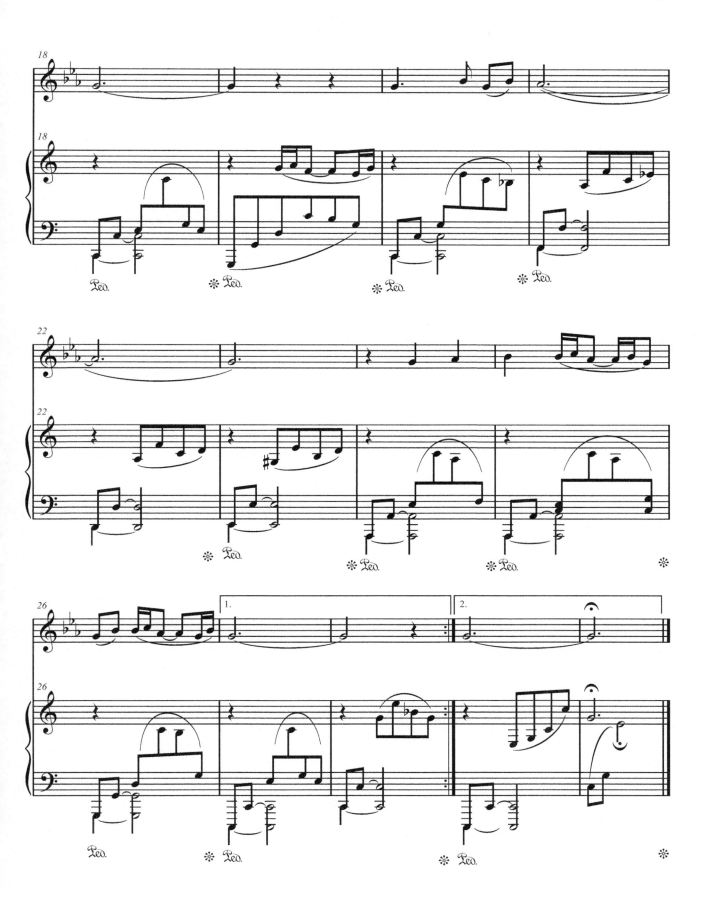

# ՔԵԼԵՐ, ՑՈԼԵՐ    QELER, TSOLER

15
f
come eco
8va
15
come eco
20
f
1.
(8va)
20
25
2.
25
p
pp
pp perdendo
ppp

# ԼՈՒՍՆԱԿԸ ՍԱՐԻ ՏԱԿԻՆ
# LUSNAKY SARI TAKIN

**Սիրատոչոր**
**Amoroso** ♩ = 66

pp
(8va)
Ped.

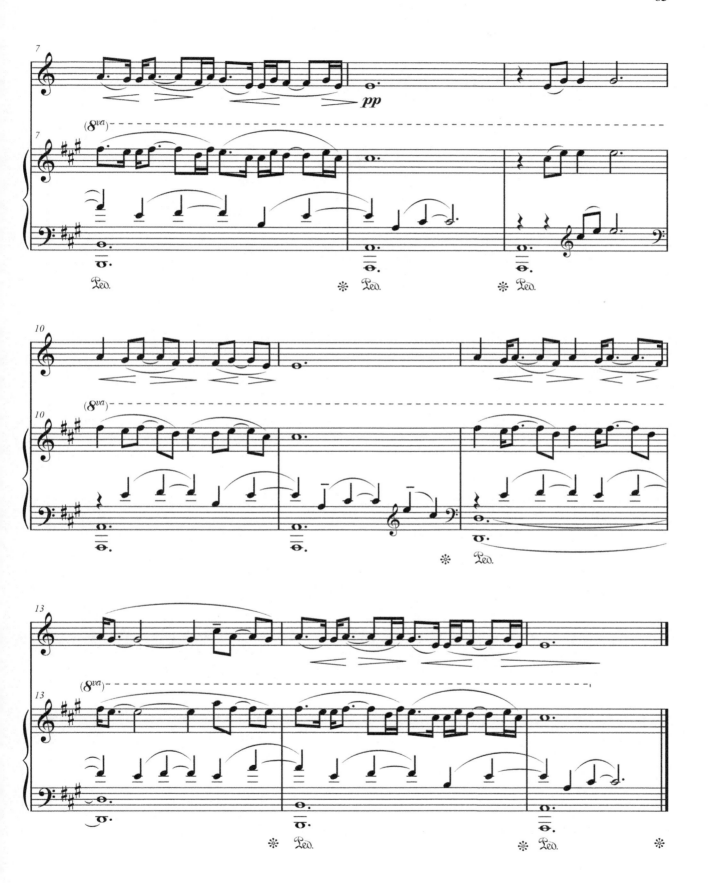

# ԵՍ ՍԱՐԵՆ ԿՈՒԳԱՅԻ
# YES SAREN KUGAYI

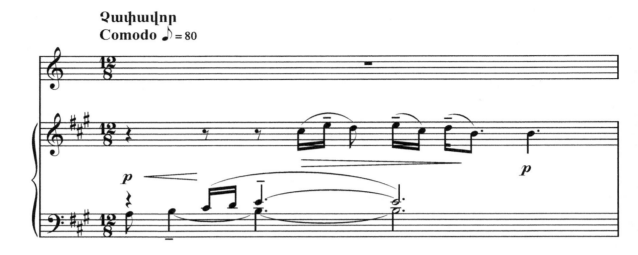

più mosso
շարժուն
Ped.
a tempo
չափով
a tempo
չափով
mf

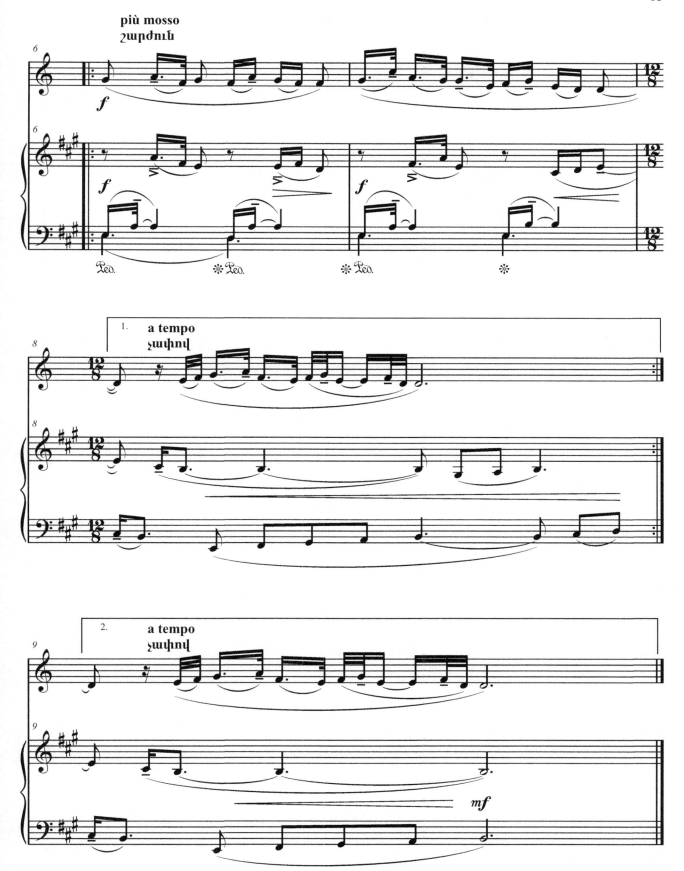

ՀԱԲՐԲԱՆ          HABRBAN

12
12
mf
cresc.
p
16
dolce
con fuoco
pp
mf
p
16
p
ppp
pp
dolce
mp
pp
20
p
20
pp
mp
più dolce
pp

23
23
26
1.
26
pp
pp
decresc.
29
2.
29
ppp
ppp

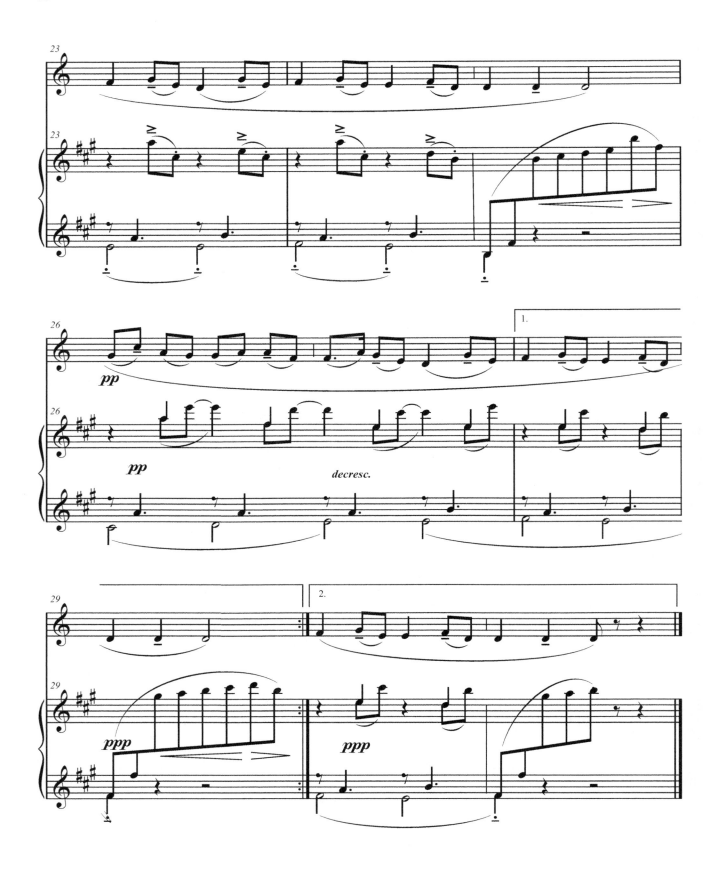

# ԱԼ ԱՅԼՈՒՂՍ AL AYLOUGHS

Գնայուն
Allegretto dolce ♩ = 76

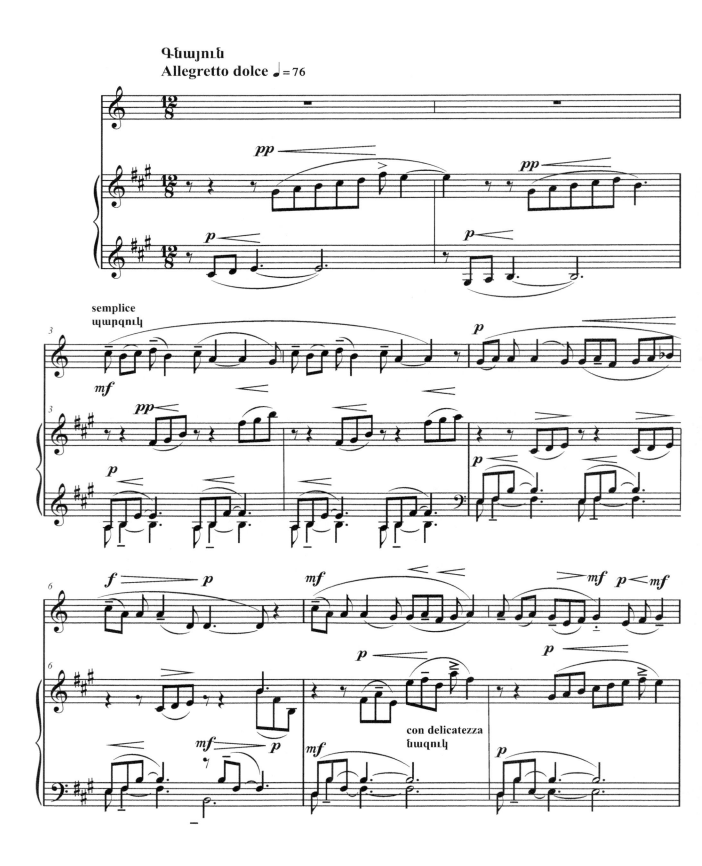

amabile
սիրարժան
amabile
սիրարժան
con tenerezza
անուշ

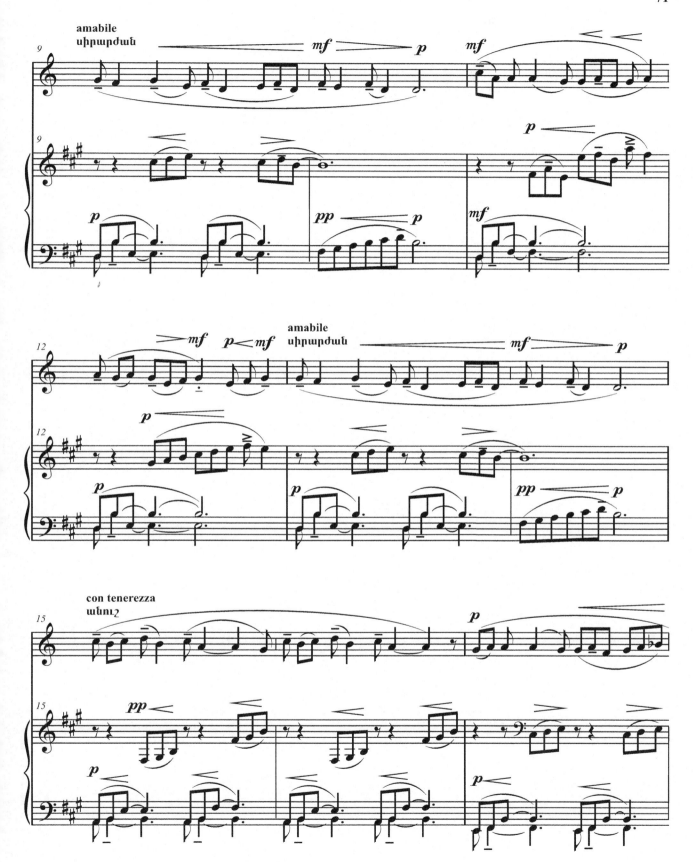

18
con amore
սիրազեղ
21
espansivo
տարածուն
24

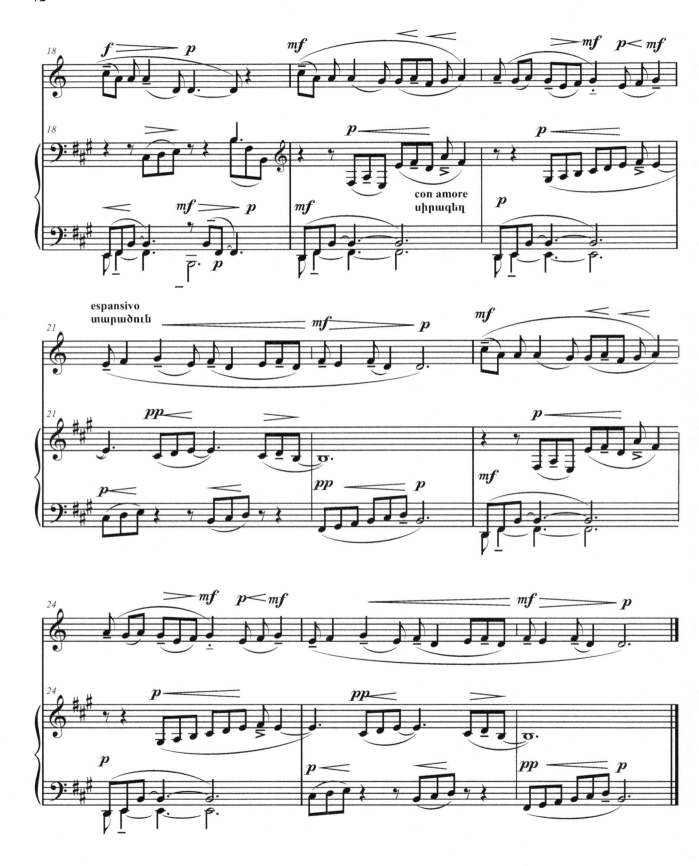

# ԾԻՐԱՆԻ ԾԱՌ
## TSIRANI TSAR

Moderato ♩ = 88
Lamento ma tranquillo
mf
p
pp
dolce
8va
Ped.

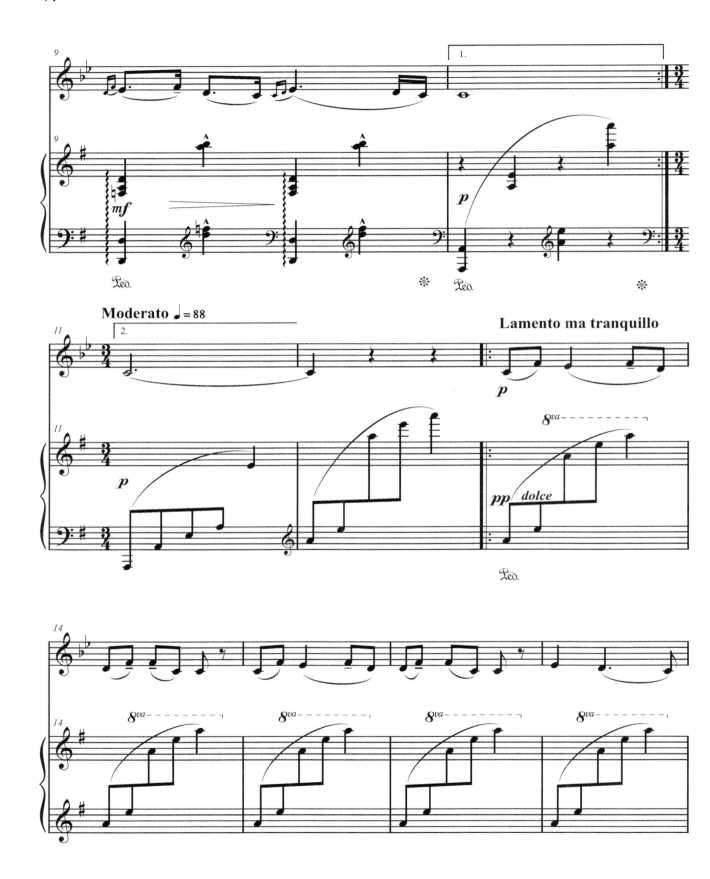

Più lento,
con dolore ♩ = 72
8va
pp
p
ppp
Ped.

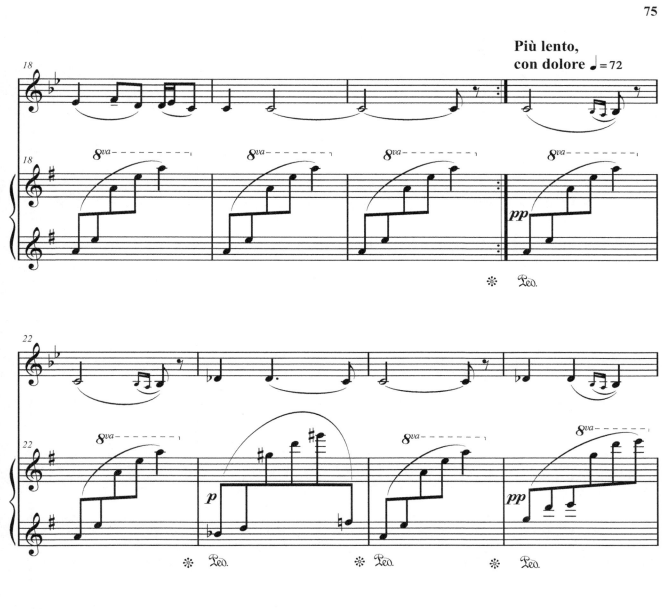

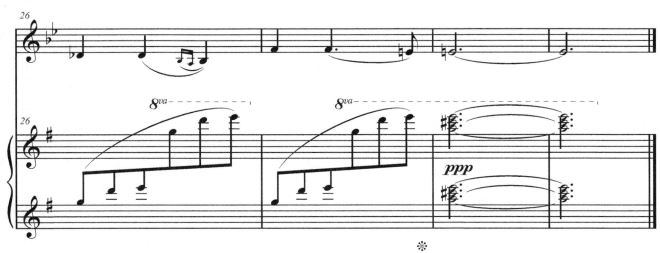

# ԿԱՆՉԷ ԿՌՈՒՆԿ          KANCHE KROUNK

Աղեգուն
Espansivo ♩ = 66

poco mosso
con tinto duolo

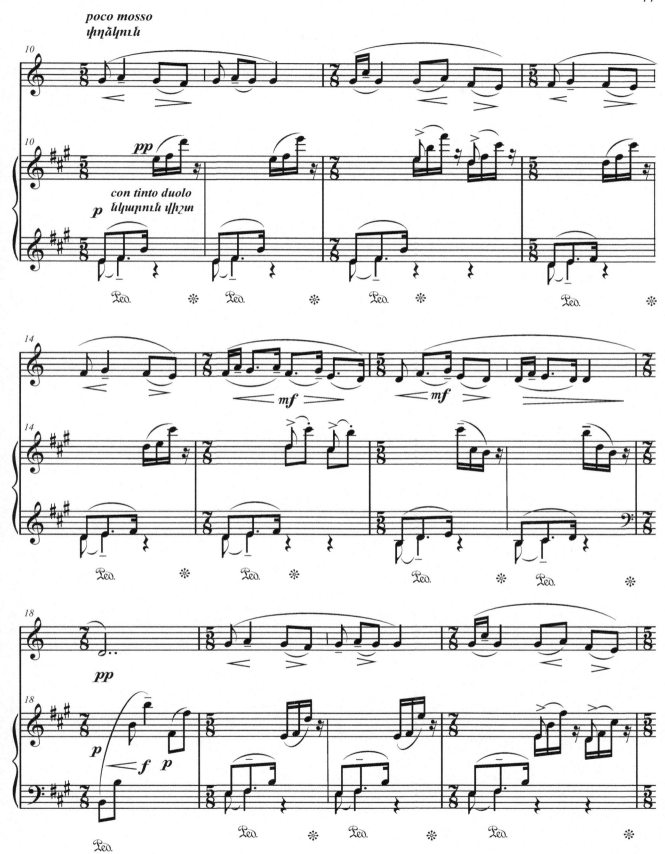

eco
արձագանք
morendo
մարելով

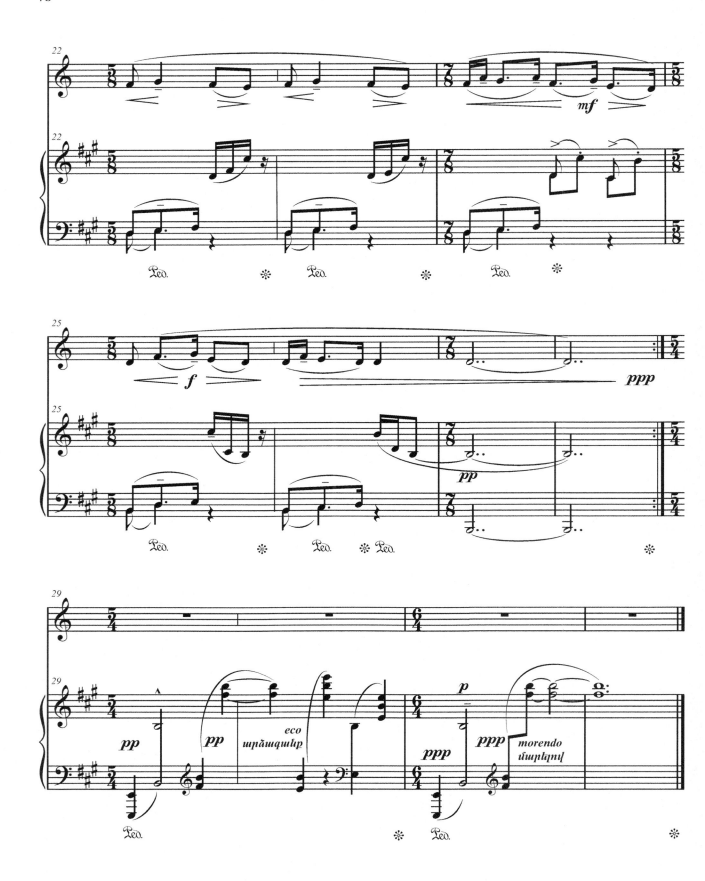

# ՁԱՅՆ ՏՈՒՐ, Ո՛Վ ԾՈՎԱԿ
# DZAYN TOUR OV TSOVAK

**Քաշ և հանդարտ**
**Andante sostenuto**

11
ff cresc.
dim.
p
3
14
f
p
pp
17
ff
8va
Ped.

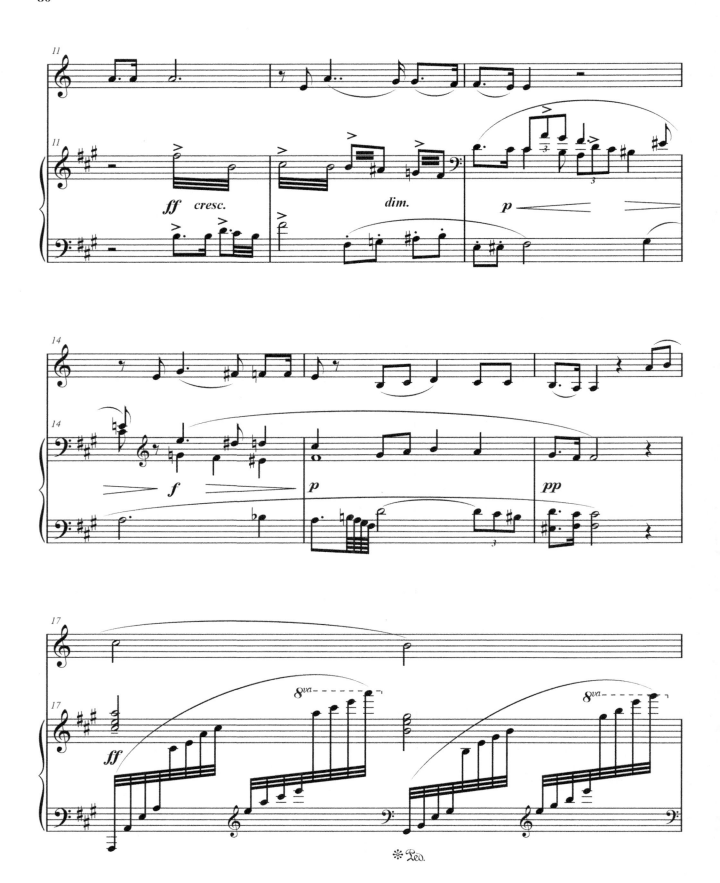

8va
pp
Ped.
Ped.
pp
p
pp
p
morendo
pp
ppp
Ped.

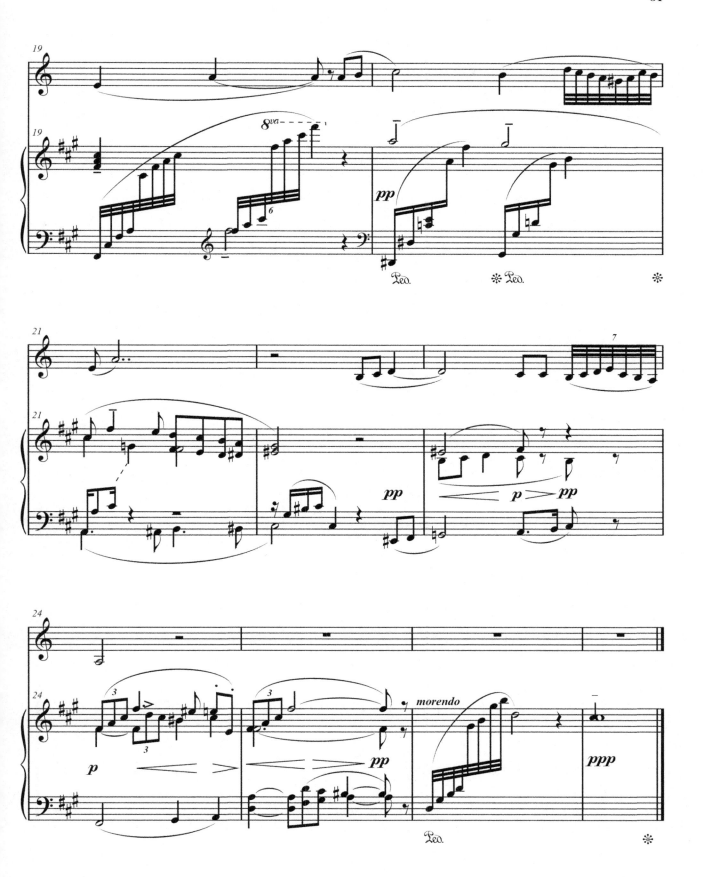

# ԿՌՈՒՆԿ          KROUNK

a tempo
dolce
8va
Ped.
3
6

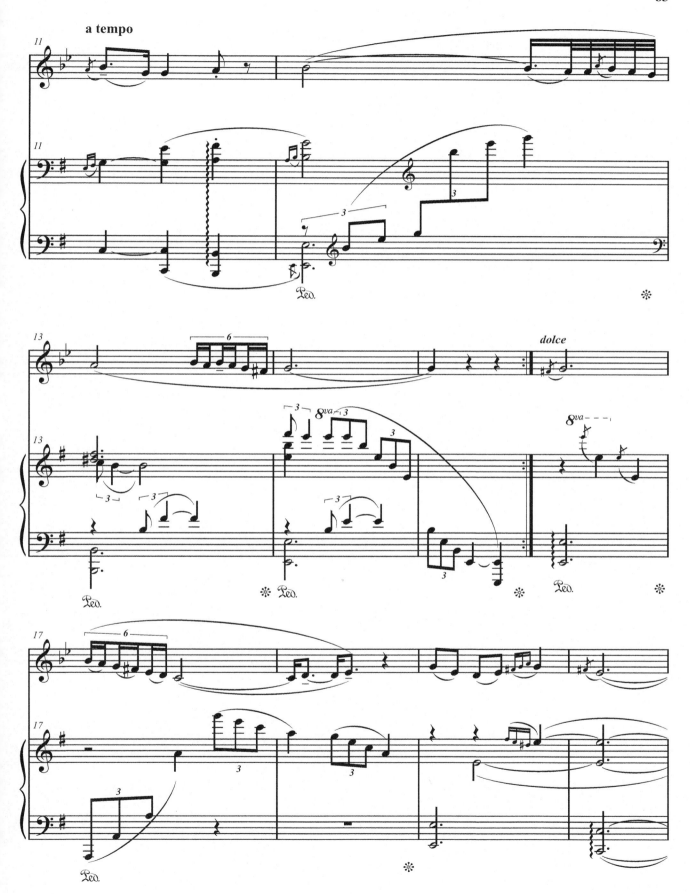

21
21
8va
8vb
Ped.
Ped.
Ped.
25
6
25
3
3
3
3
Ped.
Ped.
29
29
eco
Ped.

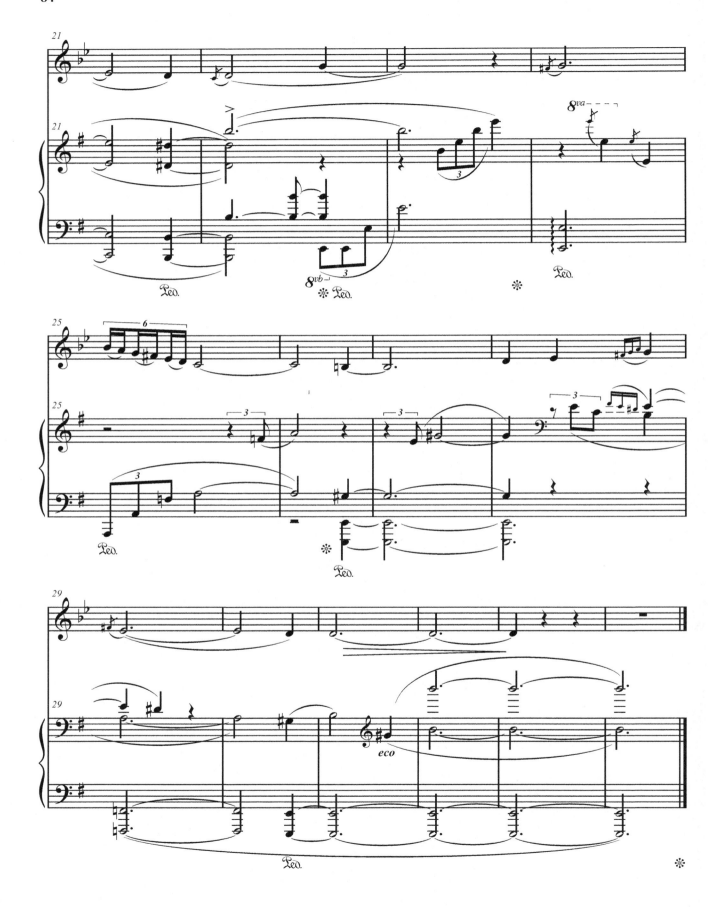

# ՄՈԿԱՑ ՄԻՐԶԱ    MOKATS MIRZA

Խոսելով, պատմելով, հանգիստ
**Tranquillo recitativo** ♩ = 52

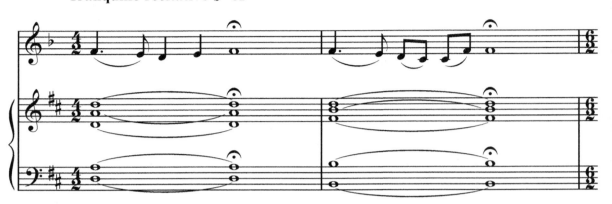

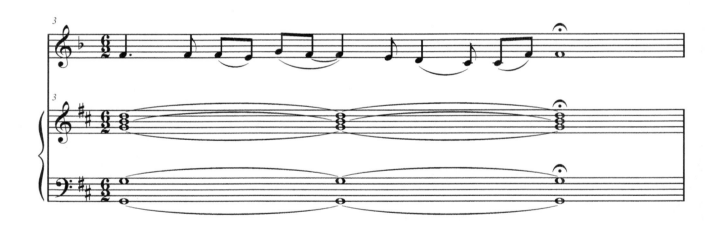

commoso
հուզում

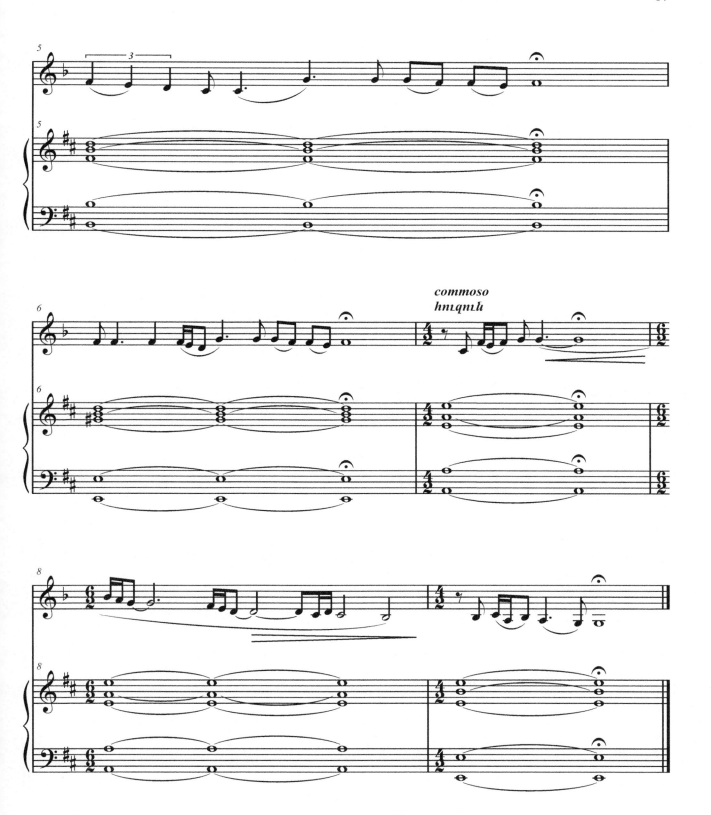

# ԲԱ՛Մ, ՓՈՐՈՏԱՆ
# BAM, POROTAN

**Marciale**

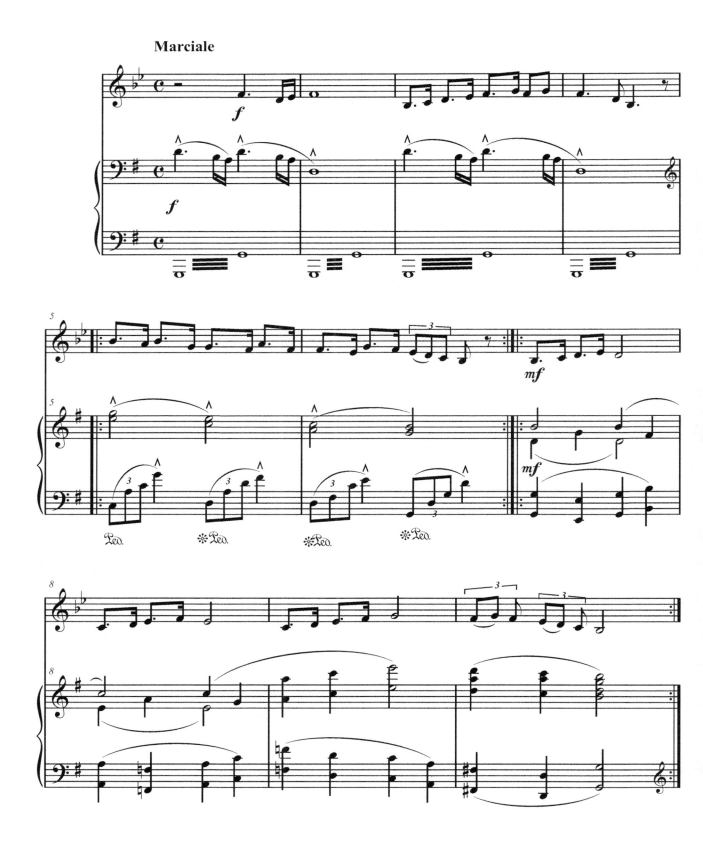

poco rit.
a tempo

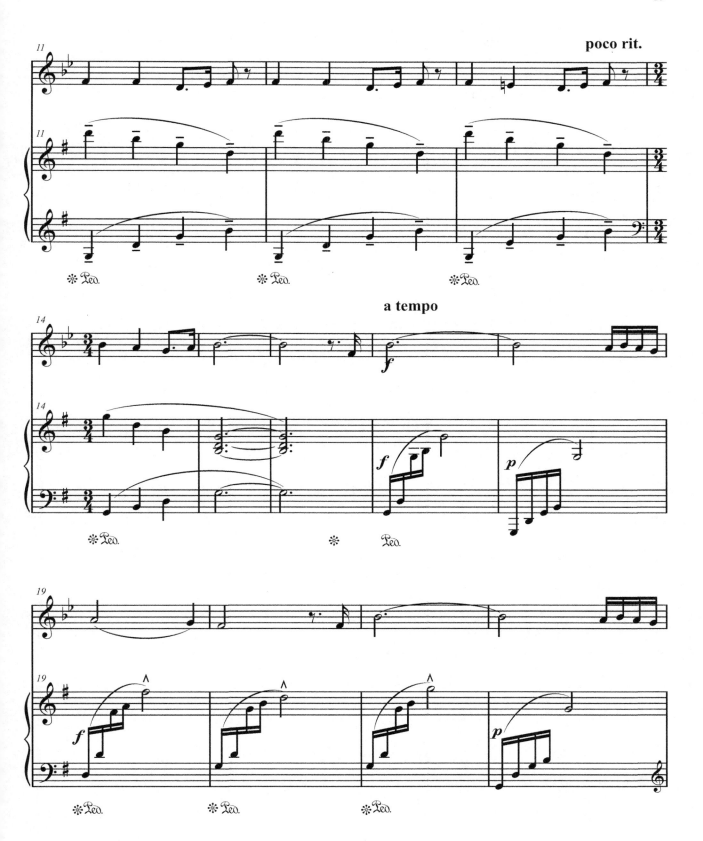

espandere
Ped.
Ped.
Ped.
Ped.
Ped.
Ped.
Ped.

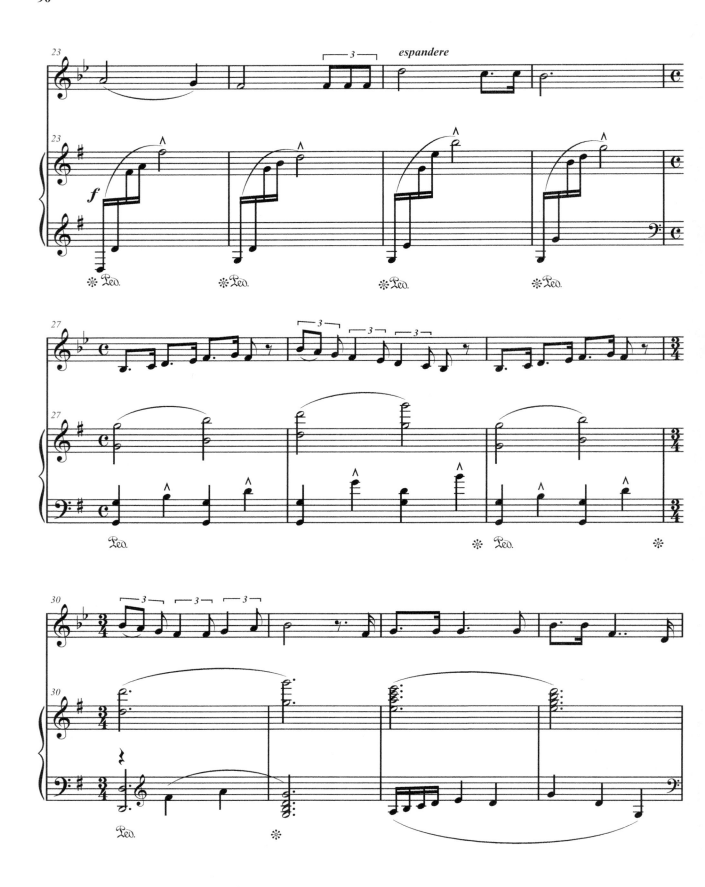

34
37
m.s.
Ped.
40
8va

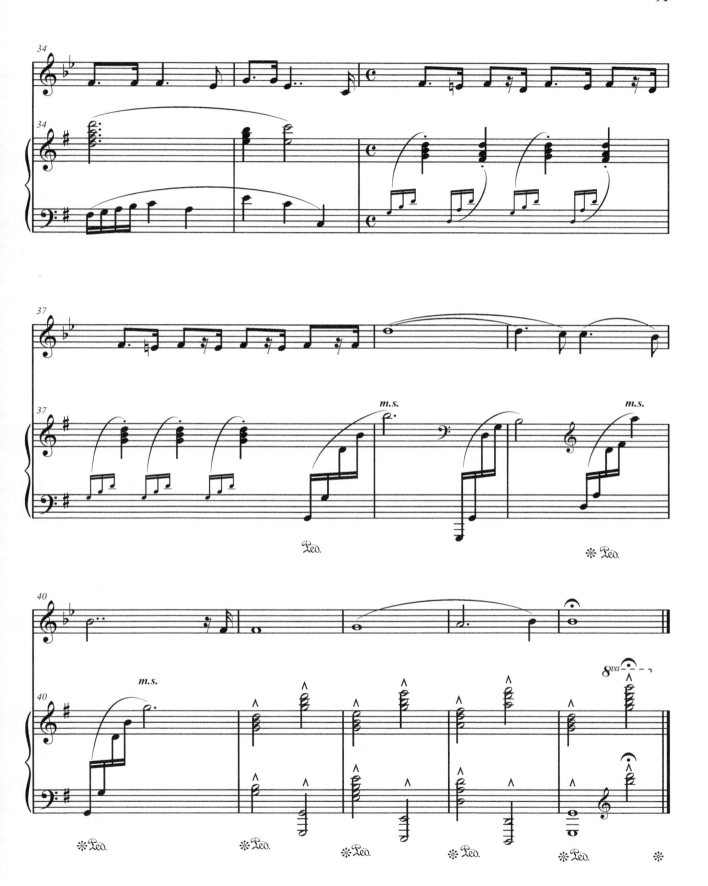

92

ՀԱՅԱՍՏԱՆ        HAYASTAN

Moderato
12
16
20
Sostenuto
8va
Ped.

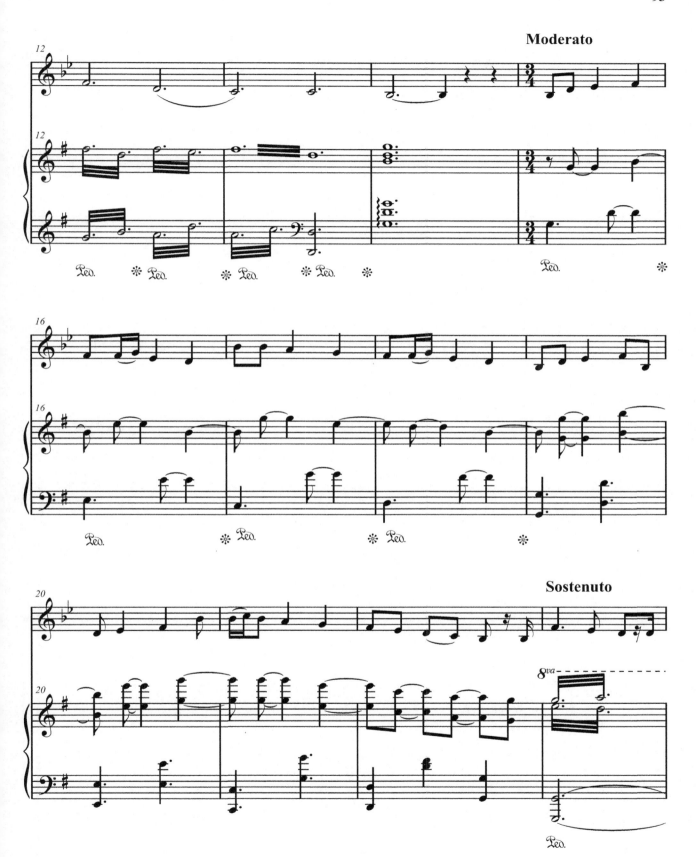

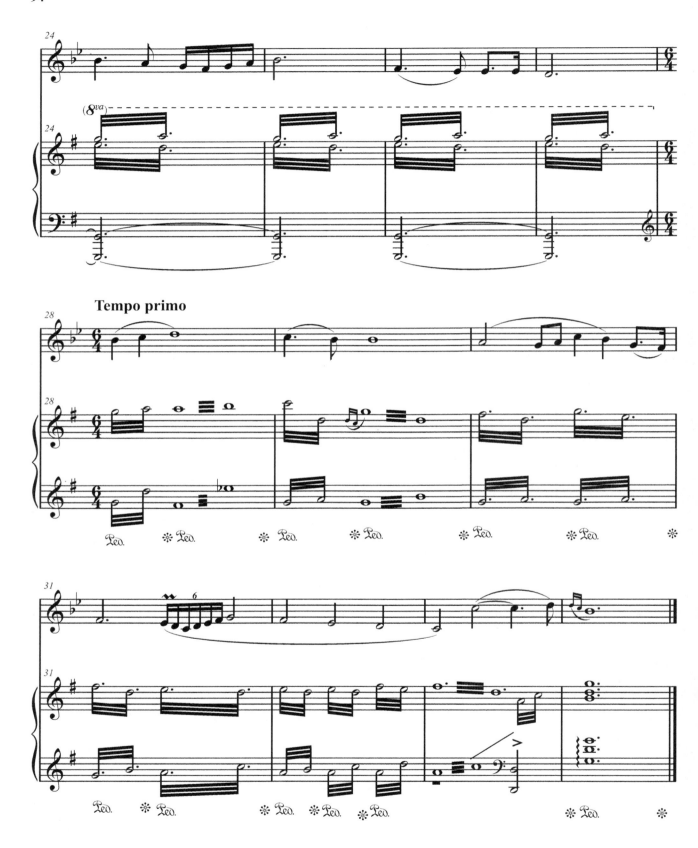

(8va)
Tempo primo
Ped.

# ՔՈՒՆ ԵՂԻՐ, ՊԱԼԱՍ
## QOUN YEGHIR, PALAS

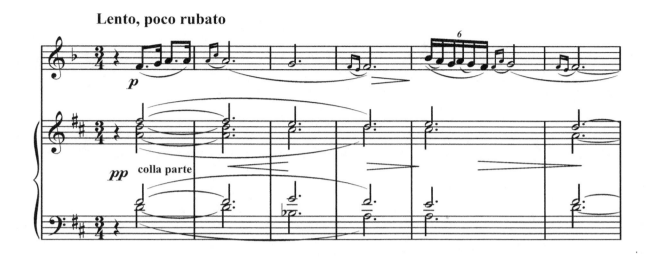

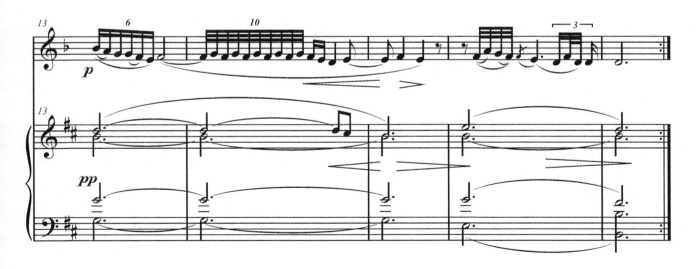

# ՈՂԲԵՐԳ VOGHBERG

Allegro sostenuto con affetto ♩= 92

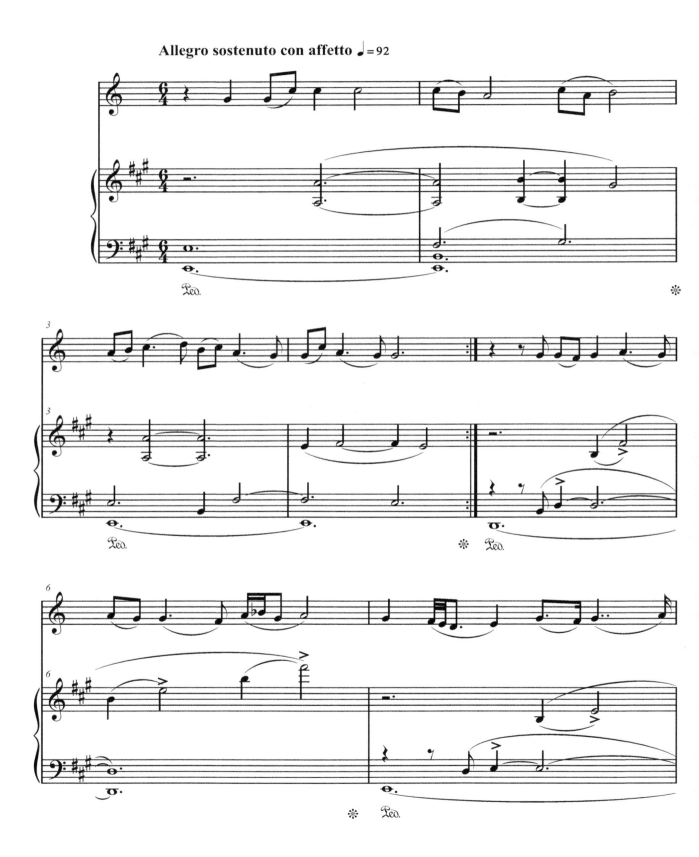

8
8
Ped.
10
Largo
7
pp
10
Ped.
13
13
Ped.

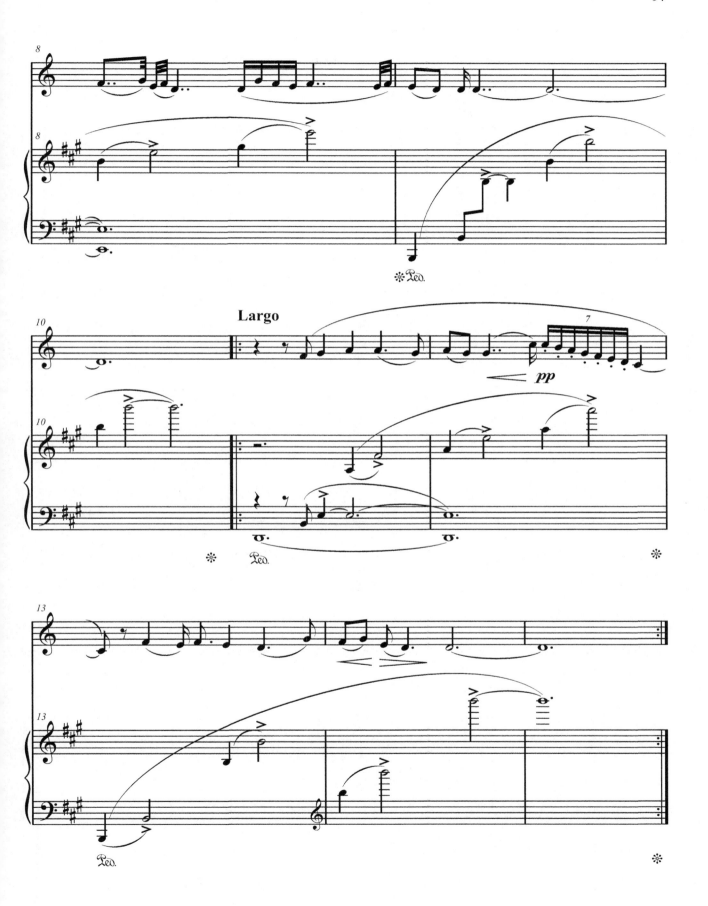

# ԼԵ, ԼԵ, ՅԱՄԱՆ      LE, LE YAMAN

p
f delicato
Ped.
pp
mf
perdendo
ppp
m.s.

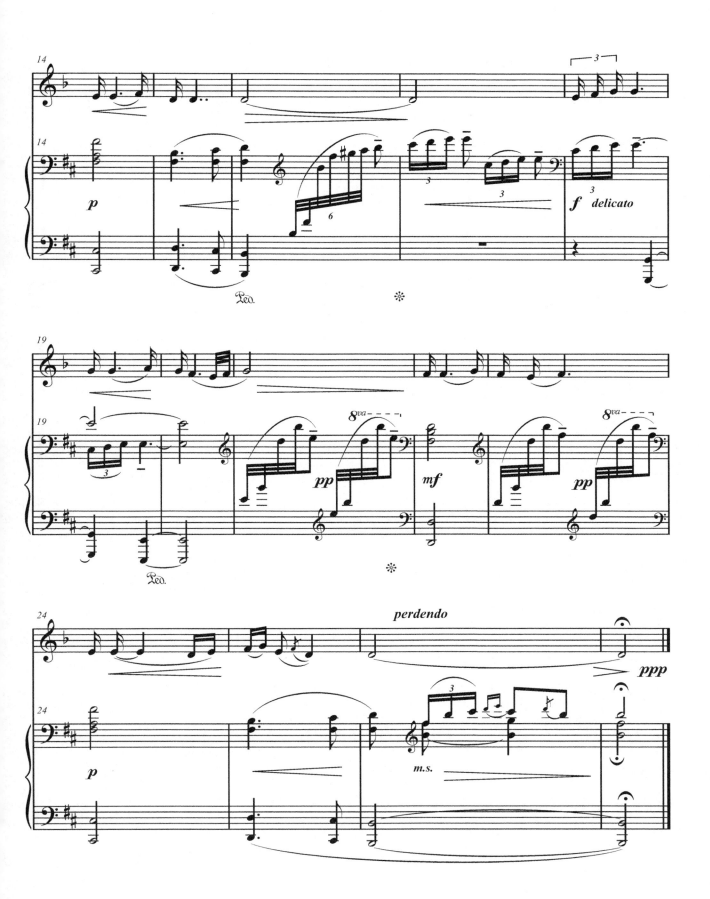

# ՕՐՈՐ OROR

**Ad libitum**

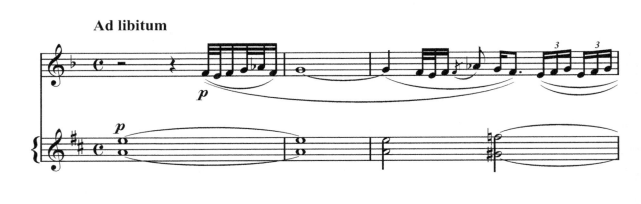

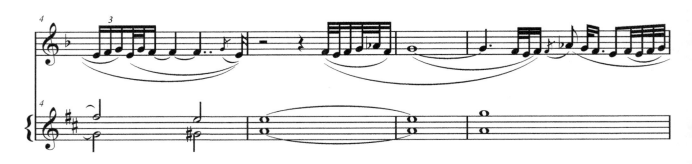

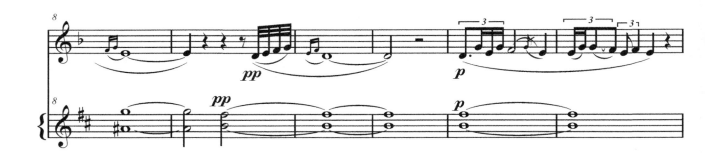

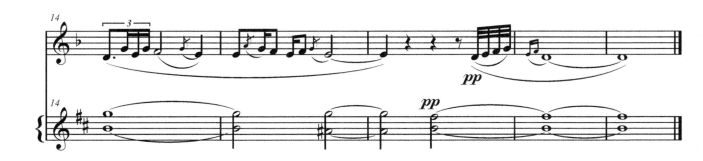

Commodo.
Alt.
Piano.
rit.
a tempo.
dolce
dim.
sf dim.
Ped.

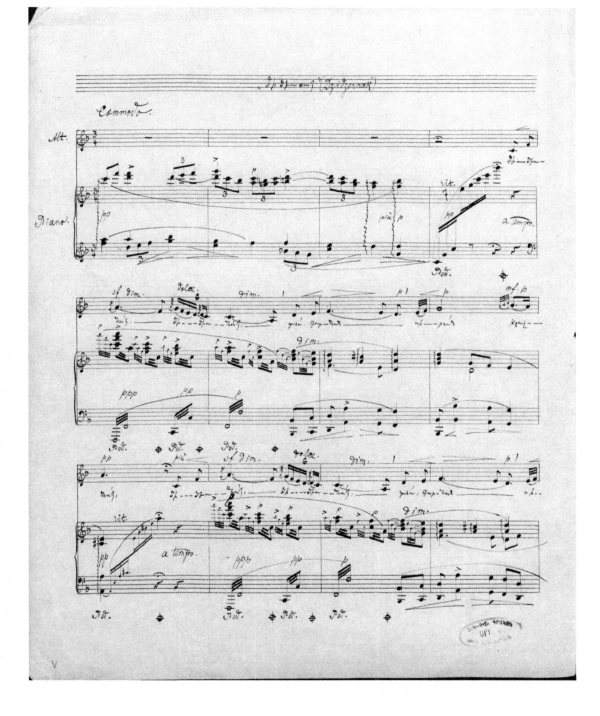

# ԾԻԾԵՌՆԱԿ       TSITSERNAK

rit.
a tempo
dolce
pp
più
sf
dim.
p
ppp
Ped.
dim.
con fuoco
appassionato
sfp
sf

smorzando
più con fuoco
appassionato
poco a poco calando
dim.
più f

# ԱՆՏՈՒՆԻ    ANTOUNI

a tempo
pp
mf
14
decresc.
p
pp
mf
p
Ped.
19
ff
6
8va
ff
cresc.
Ped.
Ped.
23
accel.
rall.
espirando
p
pp
pp
ppp
Ped.

a tempo
rall.
espirando
cresc.
più f
decresc.
f rinforzando
espirando
dim.

# ԱԼԱԳՅԱԶ    ALAGYAZ

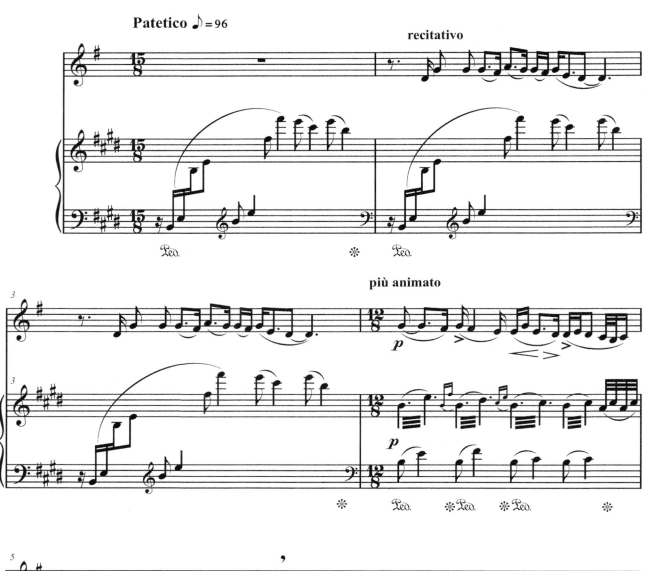

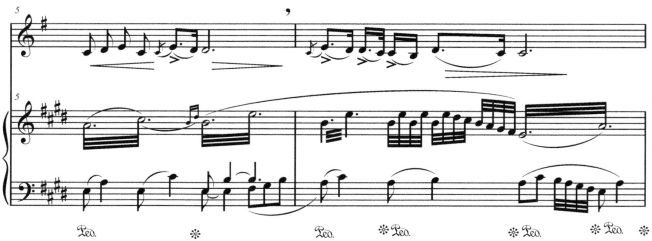

7
Ped.
a tempo
9
Variante
10

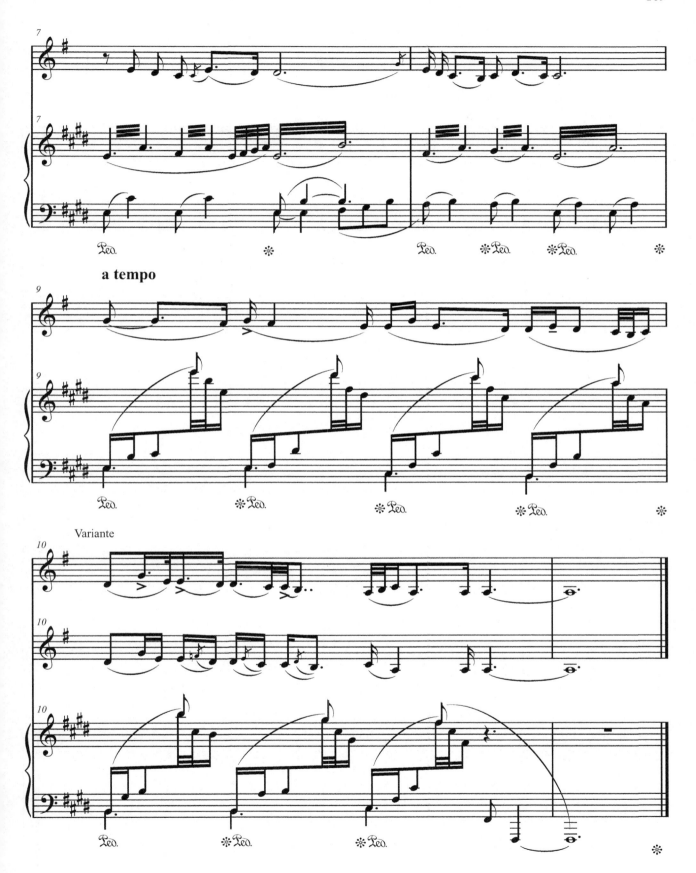

# ԳԱՐՈՒՆ GAROUN

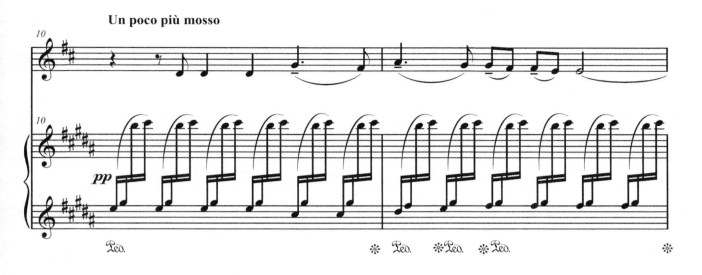

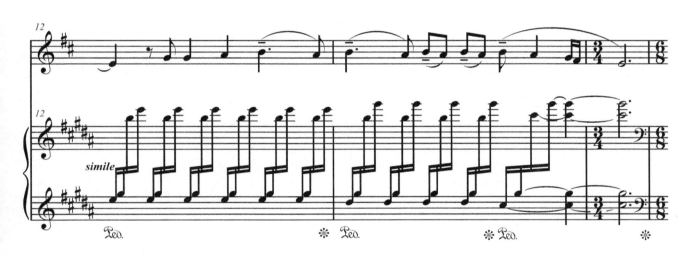

Un poco più mosso
pp
Ped.
simile
Animato ♩. = 80
leggiero

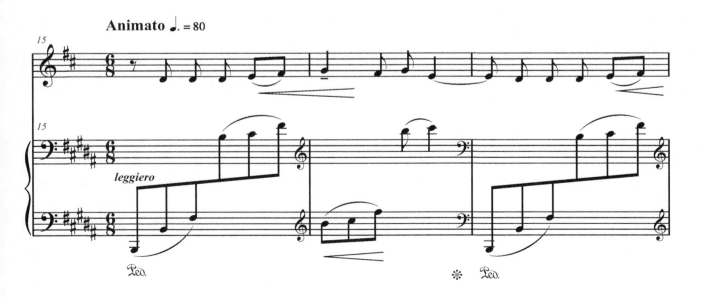

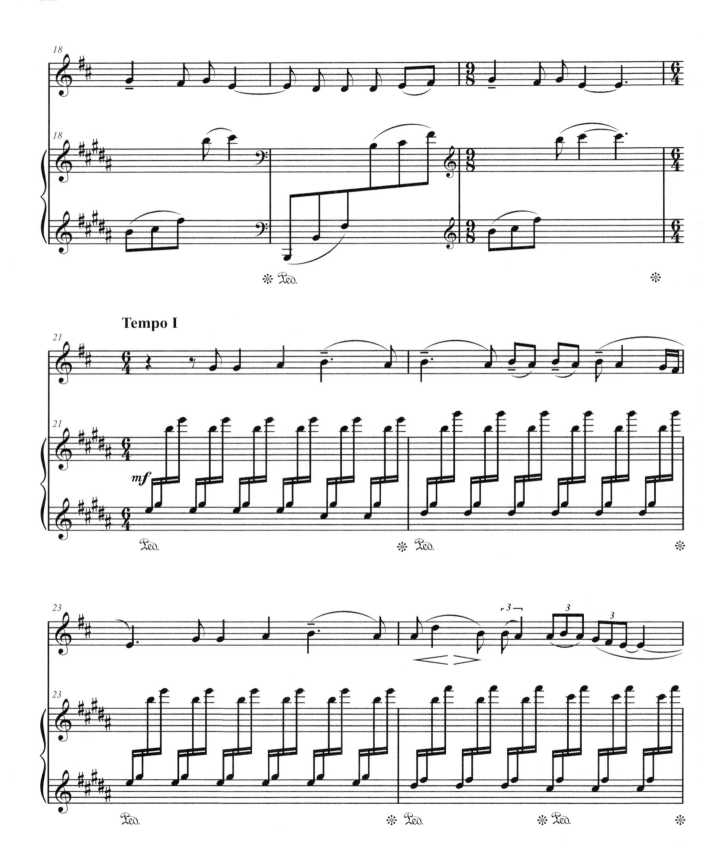

18
Tempo I
21
mf
Ped.
23

25
25
Ped.
Ped.
Ped.
28
mf
28
mf
Ped.
Ped.
Ped.
31
31
3
3
3
3

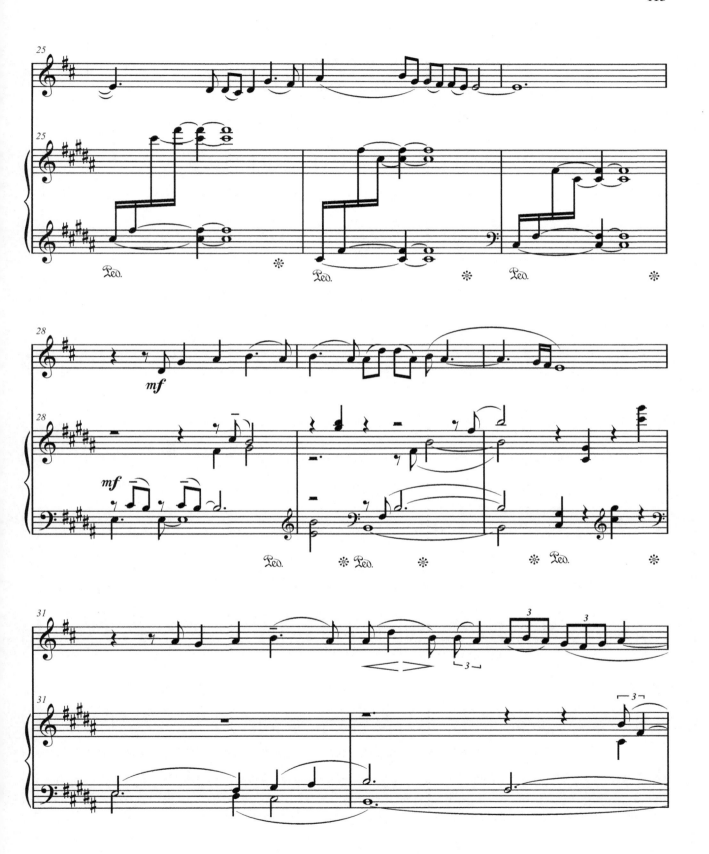

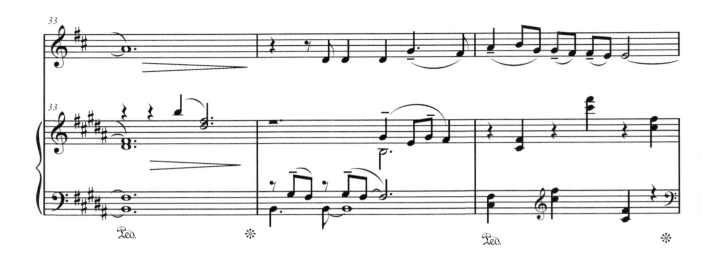

33
Ped.
Animato ♩. = 80
36
pp dolce
39

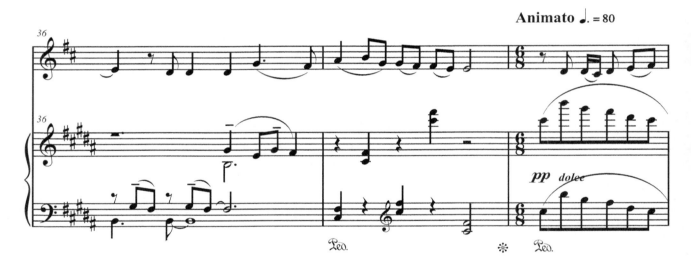

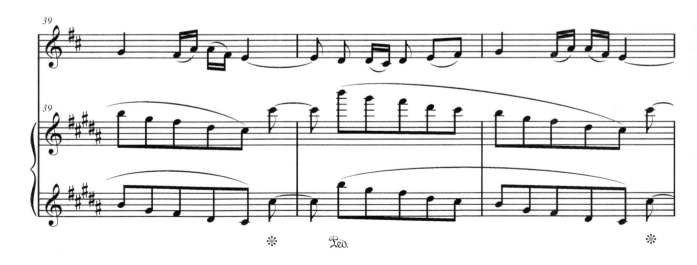

42
42
Ped.
Ped.
Tempo I
45
45
Ped.
47
47
Ped.

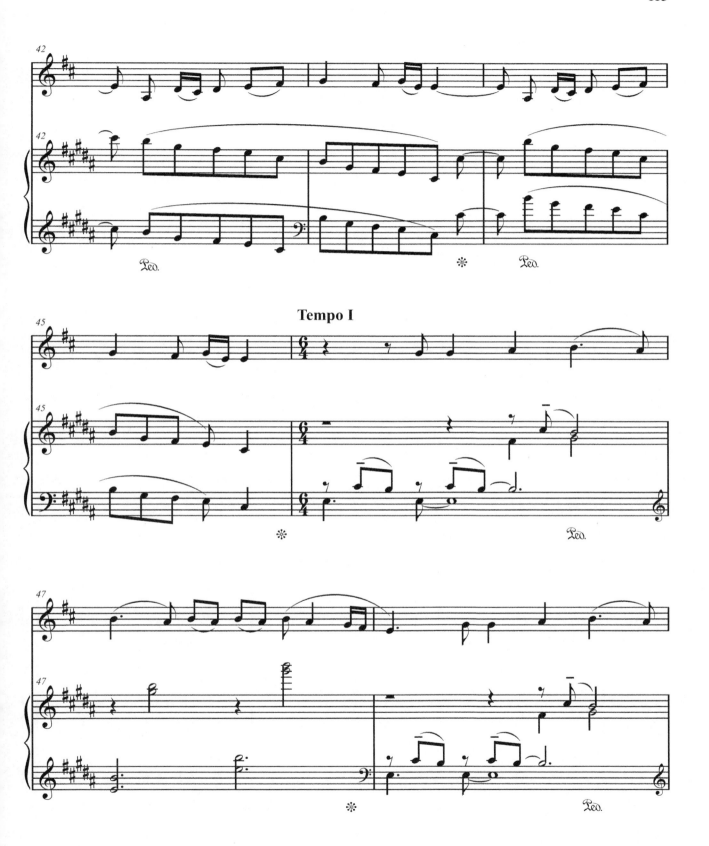

49
49
51
3
3
3
51
3
52
54
mf
54
mf
Ped.
Ped.

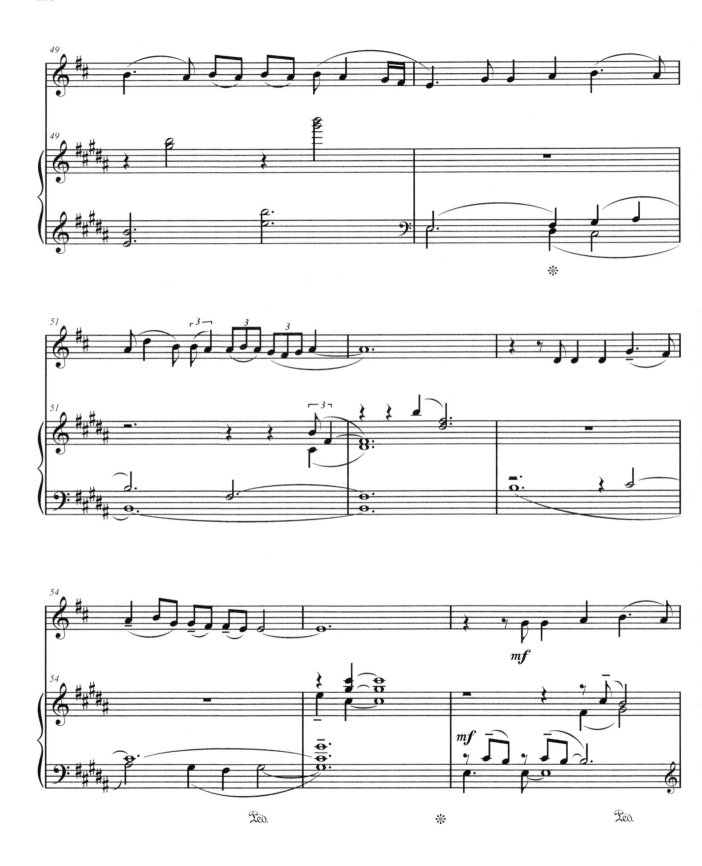

57
57
tr
tr
59
59
tr
tr
tr
tr
tr
tr
Animato ♩. = 80
62
cresc.
62
dolce
cresc.
Ped.
Ped.

65
pp
65
pp
Ped.
Tempo I
68
68
pp
Ped.
Ped.
Ped.
70
70
Ped.
Ped.

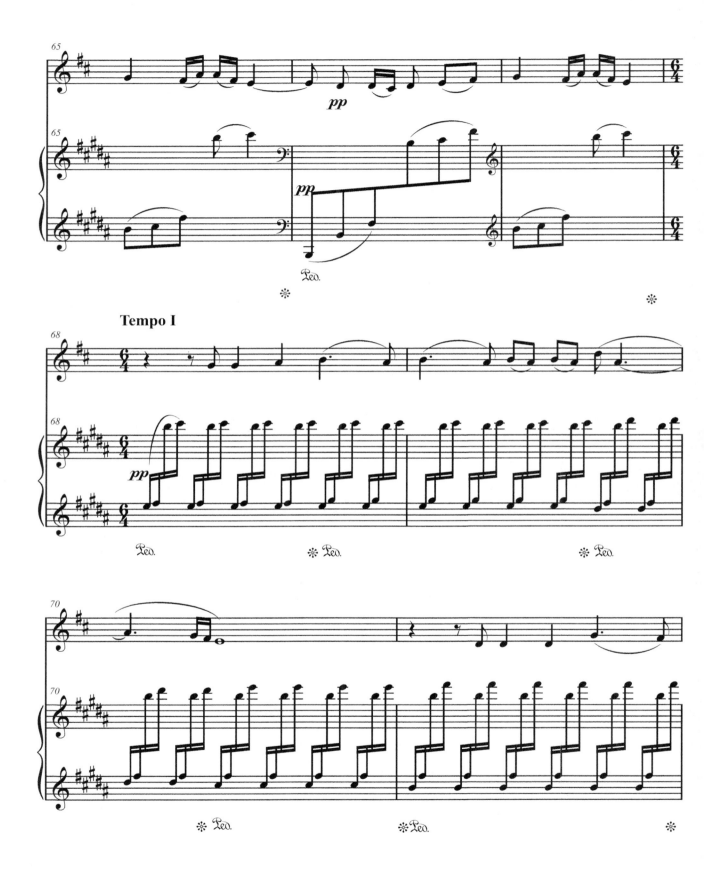

più largo e carezzando
col canto
ppp
eco
Ped.

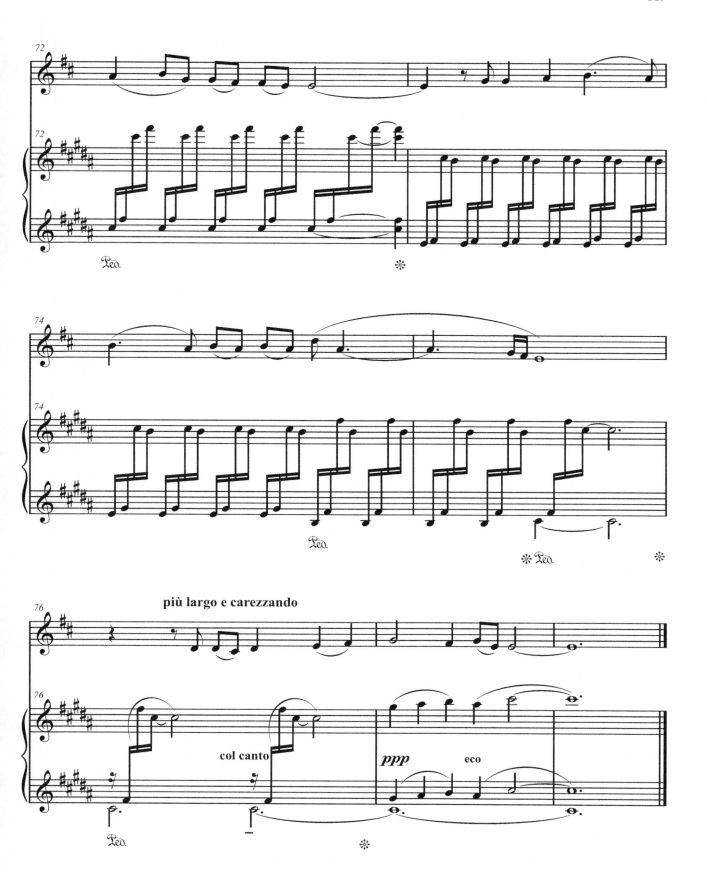

# ԲՈՎԱՆԴԱԿՈՒԹՅՈՒՆ

# TABLE OF CONTENTS

# ALSO AVAILABLE ON AMAZON

*Georgy Minasyan (Minasov)*

## Armenian Duduk: Complete Method and Repertoire

The Third Edition of **Armenian Duduk Method** is the only trilingual comprehensive and easy-to-use guide designed for anyone interested in playing Armenian Duduk from the complete novice just learning the basics to the more advanced player. Using his prominent performance and pedagogy background Georgy Minasov takes an all-in-one approach by combining theory, scales and technique into a single volume. For those who want to enrich their repertoire the book features *over 250 songs* from different music genres including such duduk standards as Hovern Enkan, Machkal, Eshkhemet and much more.

The book is divided into four sections. The *first section* aims to teach the beginners to perform smoothly and correctly read the notes. *Section II* fixes and further builds on the skills gained in Section I, adding competence of correct performance of folk and gussan songs, dance melodies, and spiritual music. *Sections III and IV* include ensembles and mughams – the pearls of Eastern culture along with their audio tracks accessible online.

**Product details**

- **Paperback:** 260 pages
- **Publisher:** CreateSpace Independent Publishing Platform; 3 edition (August 10, 2017)
- **Language:** English
- **ISBN-10:** 1974502023
- **ISBN-13:** 978-1974502028
- **Product Dimensions:** 8.5 x 0.6 x 11 inches
- **URL:** https://www.amazon.com/Armenian-Duduk-Complete-Method-Repertoire/dp/1974502023

**Book Website:** www.minasovduduk.com

*Georgy Minasyan (Minasov)*

# Duduk Repertoire With Piano Accompaniment: Volumes I and II

"Duduk Repertoire with Piano Accompaniment" in two volumes is the third book of Honored Artist of Republic of Armena, master player and teacher Georgy Minasyan (Minasov). Being the first of its type ever being published for worldwide duduk players, the book contains wide selection of Armenian folk, gusan and spiritual music, as well as classical works of Armenian, Russian and Western European composers arranged for traditional and extended range Armenian duduks. Two volumes contain over 160 musical pieces of music with varying degrees of complexity designed for all levels of performing skills – from elementary to professional.

## Product details

- **Paperback:** 236 pages
- **Publisher:** CreateSpace Independent Publishing Platform;
- **Language:** English
- **ISBN-10:** 1725904691
- **ISBN-13:** 978- 1725904699
- **Product Dimensions:** 8.5 x 0.6 x 11 inches

**Book Website:** www.minasovduduk.com

# KOMITAS SONGS

for duduk with piano accompaniment

*Arranged by Georgy Minasyan (Minasov)*


| | |
|---|---|
| Editors: | Tatyana Minasova, Ruzanna Yesayan |
| Cover Design: | Armen Matosyan |
| Cover Art & Calligraphy: | Ruben Malayan |
| Preface Translation: | Emma Matosyan, Arus Matosyan |

Produced by Armen Matosyan

www.minasovduduk.com

Printed in Great Britain
by Amazon